樊錦詩

嗨！有趣的故事

顧抒

Hi! Story

中華教育

#【出版說明】

在文字出現以前，知識的傳遞方式主要就是語言，靠口耳相傳的方式記錄歷史與情感表達。人類的生活經歷、生命情感也依靠著「說故事」來「記錄」。是即人們口中常說的「傳說時代」。然而文字的出現讓「故事」不僅能夠分享，還能記錄，還能更好、更廣泛地保留、積累和傳承。

《史記》「紀傳體」這個體裁的出現，讓「信史」有了依託，讓「故事」有了新的準則：文詞精鍊，詞彙豐富，語言精切淺白；豐富的思想內容，不虛美、不隱惡。選擇人物一生中最有典型意義的事件，來突出人物的性格特徵，以對事件的細節描寫烘托人物的情感表現，用符合人物身份的語言，表現人物的神情態度、愛好取捨。生動、雋永而又情味盎然。

「故事」中的人物和事件，從來就是人類的「熱門話題」。她是茶餘飯後的趣味談資，是小說家的鮮活素材，是政治學、人類學、社會學等取之無盡、用之不竭的研究依據和事實佐證。

中國歷史上下五千年，人物眾多，事件繁複，神話傳說與歷史事實並存，正史與野史交錯互映，頭緒繁多，內容龐雜，可謂浩如煙海、精彩紛呈，展現了中華文化的源遠流長與博大精深。讓「故事」的題材取之不盡，用之不竭。而其深厚的文化底蘊如何呈現，怎樣傳承，使之重光，無疑成為《嗨！有趣的故事》出版的緣起與意趣。

《嗨！有趣的故事》秉持典籍史料所承載的歷史精神，力圖反映歷史的精彩與真實。深入淺出的文字使「故事」更為生動，更為循循善誘、發人深思。

《嗨！有趣的故事》以蘊含了或高亢激昂或哀婉悲痛的歷史現場，以對古往今來無數先賢英烈的思想、事蹟和他們事業成就的鮮活呈現，於協助讀者不斷豐富歷史視域和深度思考的同時，不斷獲得人生啟迪和現實思考、並從中汲取力量，豐富精神世界，在實現自我人生價值和彰顯時代精神的大道上，毅勇精進，不斷提升。

【導讀】

親愛的讀者們，你們一定讀過唐代詩人王之渙的〈涼州詞〉吧？「羌笛何須怨楊柳，春風不度玉門關。」王維的〈送元二使安西〉，你們也必能倒背如流：「勸君更盡一杯酒，西出陽關無故人。」

兩首詩描寫的都是邊塞悠遠蒼涼的風光。兩千多年前，漢武帝擊敗匈奴，打通了河西走廊，「列四郡，據兩關」。「四郡」為武威、酒泉、張掖、敦煌。「兩關」就是詩中的「玉門關」和「陽關」，也是古代絲綢之路從中原往來西域的門戶。

敦煌，自從絲綢之路的駝鈴叮噹響起，就與中國的文化藝術和宗教結下了不解之緣。東晉咸康二年（三六六年），樂僔和尚在此見到了三危山的萬丈金光，開鑿了敦煌的第一個石窟。此後不斷有人捐資開窟，修建寺院。隨著絲綢之路的繁榮興盛，敦煌石窟在隋唐時竟達到了上千個，被稱為「千佛洞」，其中保留了無數歷史文化遺產和藝術瑰寶。

無畏於黃沙漫天，一代又一代的敦煌人癡心不改地守護著這塊「聖地」，哪怕遠離自己的至親，哪怕一度被世人遺忘。他們將一腔熱血交付於此，從鮮衣怒馬的少年變為滿面風霜的老人。他們將一生歲月交付於此，只求敦煌石窟從人間消失的時刻推遲一點兒，再推遲一點兒。

在這群沒沒無聞奉獻的敦煌人之中，有一個瘦削卻堅毅的身影格外引人注目，她就是敦煌研究院的第三任院長樊錦詩。這個江南長大的女孩，在一九六三年以北大歷史系畢業生的身分正式來到敦煌，一待就是五十多年，再也沒有離開。為了敦煌，樊錦詩告別了溫暖家園，隻身奔赴缺水斷電的內陸小城；為了敦煌，樊錦詩曾與丈夫分離了整整十九年，也虧欠了兩個孩子許多；為了敦煌，樊錦詩在艱難時刻無法一直陪伴家人，只能聽著九層樓的風鈴聲，獨自懷鄉……在這漫長的時間裏，她憑藉紮實的專業基礎，從危險的蜈蚣梯頂端開始考古工作，與同事們並肩清理流沙，和莫高窟人以科技手段保護石窟，守護敦煌，推出數位電影《千年莫高，夢幻佛宮》，盡可能地留存下每一幅珍貴的壁畫與文物資料。

敦者，大也。煌者，盛也。敦煌石窟的文化藝術是中國的驕傲，敦煌文物和經卷的流失卻令人心痛不已。樊錦詩說過：「你對它有深深的愛，就會想盡一切辦法保護它。」

你們不妨翻開這本書，看一看樊錦詩與她傾盡心血守護的敦煌吧！

願你們永不忘記守護這份寶藏的前輩們。

目錄

目錄

三危山的金光

風沙漫天，塵埃飛揚。

一千多年前，河西走廊的西端，茫茫的大漠之中，有個人踽踽獨行。他身披袈裟，手拄禪杖，拉長了的影子看起來分外孤獨。

此人名叫樂僔，是一位雲遊四方的苦行僧。

樂僔和尚拖著沉重的步伐，吃力地往前走著。

這時候已是傍晚，他又飢又渴，再也走不動了，只得坐在起伏的沙丘旁歇息。就在這時，周圍彷彿有點異樣。他猛地抬起頭來，只見夕陽西下，那橘色的餘暉恰好映照在面前的三危山上，三危山頓時閃耀著萬丈金光！

三危山，算不上是什麼名山大川，但位於西北內陸的山巒，自有一種粗獷雄渾、驚心動魄的氣勢。這時，在一片撲朔迷離的金光之中，三座危峰彷彿化作萬佛顯出真容；光線變幻，好似有無數菩薩同時現身，有的在誦經，有的在說法。

光芒輪轉，又隱約像有仙女挽著綢帶在輕盈地飛舞，有的在散花，有的在奏樂……

一心虔誠禮佛的樂僔和尚還是頭一次見到如此景象，心中萬分感動，他想，大自然如此神奇，自己苦苦尋找的「佛光」不就在此地嗎？一時間，他感到身心愉悅，旅途的疲憊也隨之消散，於是他連忙站起身來，雙手合十。

為了這親眼所見的「佛光」，樂僔和尚決定留下來，專心在此修行。他辛苦地化緣募捐，又請來能工巧匠，在大泉河西岸的巖壁上開鑿了第一個洞窟。誰能想到，從此之後，在這「大漠孤煙直，長河落日圓」的地方，竟然燃起了香火，響起了誦經的木魚聲！

於是，敦煌莫高窟的第一個石窟誕生了。

其實，從科學的角度來看，樂僔和尚當時所見到的「佛光」，只是雨後產生的一種自然現象，今天在三危山上仍然可以見到。因為三危山是剝蝕殘山，山上不生草木，暗紅色的岩石中含有石英、雲母等礦物質，一經陽光照射，就金光閃閃。

歲月如梭，此後又有一個和尚來到大泉河谷，也在一個傍晚看到了三危山上的「佛光」。他在第一個洞窟旁邊，又開鑿了第二個洞窟。這個和尚名叫法良。自此之後，一代又一代的佛門弟子、達官顯貴、商賈百姓都在這裏捐資開窟，興建寺院。

到了隋唐時期，隨著絲綢之路的繁榮興盛，莫高窟的洞窟數量竟然達到了上千個，因此又被叫作「千佛洞」。

樂僔和尚建洞窟的時間大約是前秦建元二年（三六六年），他大概怎麼都想不到，一千多年以後的二十世紀六〇年代，會有一個年輕的女孩背著行李，千里迢迢地從北京大學來到遙遠的大西北，傾其所有地守護這片由他第一個開啟的沙漠聖地。

甚至連女孩本人也沒有想到，這一來，就是一輩子。

敦煌——沙漠裏的童話世界

「敦煌定若遠，一信動經年。」

一個一頭青絲的少女，伸出自己纖瘦的雙臂守護敦煌莫高窟，將一生的時間付與大漠風沙，變成了白髮蒼蒼的老奶奶。她為莫高窟付出了一切，內心的信念與樂僔和尚一樣純粹，一樣虔誠，只是召喚她這麼做的，並非三危山的金光，而是這裏燦爛的歷史與文化藝術。

她名叫樊錦詩，著名的考古學家和博士生導師，第三任敦煌研究院院長，現在的敦煌研究院名譽院長。但在這些身分之前，她首先被人們親切地稱為「敦煌的女兒」。

看，高高的蜈蚣梯上，那個臉龐圓圓、留著齊耳短髮的女孩正出神地望著洞窟裏的雕像和壁畫，渾然忘卻了洞外的世界。「看一個——好，再看一個——還好。連著看了好幾天……哎呀，好像進入了一個藝術的宮殿，好像進入了一個童話世界！」

第一眼，就注定了她一生將與敦煌結緣。

「燦爛的陽光，照耀在色彩絢麗的壁畫和彩塑上，金碧輝煌，閃爍奪目。整個畫面，像一幅巨大的鑲滿珠寶玉翠的錦繡展現在我們面前，驚心動魄。」樊錦詩永遠忘不了那份最初的感動。

敦煌莫高窟一共留下七百三十五個洞，四萬五千多平方公尺壁畫，兩千多身彩塑，一個藏經洞。

第九十六窟是莫高窟最高的一座洞窟，高三十三公尺，巍峨壯觀，也叫「北大像」。「九層樓」附巖而建，是莫高窟的象徵性建築。

第三百零五窟，隋代的飛天正憑著欄杆俯瞰人間。有的坐在蓮花上，有的從天而降，那曼妙的姿態像在游泳，又似在飛翔。雖然是靜止不動的壁畫，卻充滿動感，彷彿真的要走下牆壁，來到人間。

第一百七十二窟南壁的盛唐〈觀無量壽經變〉、第二百二十窟南壁初唐〈無量壽經變〉等描繪出整個的西方淨土世界，把一部佛經變成了一幅大畫。裏頭有蓮花，有寶樹，有池塘，有歌舞音樂。那細緻的一筆一畫，鮮豔的色彩，實在令人過目難忘……

敦煌不只是古代佛教徒們的聖地，莫高窟的藝術世界裏，還藏著一個包羅萬象、無比遼闊的現實世界。公元四世紀至十四世紀人們的生活場景都被記錄在眾多洞窟的壁畫中，上至帝王將相，下至普通百姓，他們的播種、收穫、宴飲、樂舞、嫁娶、戰爭、出行，以及他們的喜怒哀樂，千年前的人生百態盡在其中。

在敦煌，甚至還可以看到古代孩子們的生活。

在特殊保護洞窟第二百二十窟的南壁上有一幅初唐時期的化生童子壁畫，兩個童子身著漢族傳統的紅色交領半臂、綠色短褲，另一個童子則穿著背帶條紋的波斯小口褲，那樣的服飾代表了唐代的風尚。

第一百一十二窟中唐時期的群童採花，二百一十七窟盛唐時期的童子疊羅漢，一百四十八窟盛唐時期的童子演奏樂器，以及敦煌供養人壁畫裏的孩子形象，都讓樊錦詩感到趣味無窮。

「是啊，敦煌真是太美了，裏頭什麼都有。」

幾十年過去了，樊錦詩還是會以夢幻般的語氣這麼對人們說。她曾為來到敦煌參觀的孩子們講解文物，一講就是近一個鐘頭。

「看見敦煌，也就看見了中國，看見了我們源遠流長的歷史和文化，也看見亙古不變的世相與人心。」這是敦煌研究院在展覽中書寫的一段前言。

蜈蚣梯上的女孩

現在，讓我們從洞窟中收回視線，再轉過頭來看看當年那個年輕女孩腳下的蜈蚣梯。

你知道什麼是蜈蚣梯嗎？

蜈蚣梯又叫蜈蚣掛山梯，它可不是那種牢固結實的工程梯，就像它的名字一樣，只是將一根樹幹插上樹枝製作而成的簡陋爬梯。它被懸掛在莫高窟的洞窟，當時樊錦詩和工作人員們就只能依靠這搖搖欲墜的蜈蚣梯入洞作業。在那時的敦煌，莫高窟的洞內擁有世界上獨一無二的瑰寶，洞外卻是一片破敗。內外強烈的對比反差，令樊錦詩感到難以置信。

我們可以在《敦煌的地理和歷史》中讀到這樣令人痛心的句子：清光緒二十六年（一九〇〇年）發現了震驚世界的藏經洞。不幸的是，在晚清政府腐敗無能、西方列強侵略中國的特定歷史背景下，藏經洞文物發現後不久，英人斯坦因、法人伯希和、日人橘瑞超、俄人奧登堡等西方探險家接踵而至，從王道士手中取得大量藏經洞文物，致使藏經洞文物慘遭劫掠，絕大部份不幸流散，分藏於英、法、俄、日等國的公私收藏機構，僅有少部份保存於國內，造成中國文化史上的空前浩劫。

莫高窟坐落於敦煌城東南二十五公里的鳴沙山東麓崖壁上，前臨宕泉，東向祁連山支脈三危山。它與山西大同雲岡石窟、河南洛陽龍門石窟、甘肅天水麥積山石窟並稱為中國四大石窟，既是中國的藝術瑰寶，更是璀璨的世界文化遺產。

可是，自從明嘉靖七年（一五二八年）封鎖嘉峪關，敦煌又成為邊塞游牧之地。其後，莫高窟歷經棄置、戰火和浩劫，直到中華人民共和國成立才又重新回到人們的視野中。

因此，樊錦詩來到敦煌時，這裏已經被歲月蒙上了厚厚的塵土，變成了一塊幾乎與世隔絕、遺世獨立的地方。放眼望去，除了塵土，還是塵土。

在這蒼涼的戈壁灘上，來到此地的人們在極其簡陋的條件下，為了保護莫高窟夜以繼日地艱苦工作著。想要進入洞窟去做考古研究，不靠這蜈蚣梯，又能靠什麼呢？

那時，樊錦詩只是個剛畢業的大學生，她的膽子不算大，爬這顫顫巍巍的蜈蚣梯時小心翼翼的，萬一不留神從高處墜落，那可不是鬧著玩的。爬到頂端朝下一看，離地面居然那麼遠，她的腿都在不停地發抖。

可是，敦煌的美深深地吸引著她，對於洞窟裏萬千寶藏的嚮往戰勝了恐懼。她想出了一個辦法，每天揣著幾個乾饅頭進洞，盡量不喝水，這樣既能節省時間，將精力百分之百地投入研究，又可以減少攀上爬下的次數。

即使如此，樊錦詩依然要面對每天攀爬蜈蚣梯的挑戰。

這個瘦小的女孩沒有屈服，硬是站在蜈蚣梯的高處，一點點積累起寶貴的第一手考古資料。

其實，爬蜈蚣梯只是守護莫高窟的無數困難中的一個而已。

黑夜裏的眼睛

一間不足二十平方公尺的屋子，就是樊錦詩當年的居所。房間裏的設施簡陋到讓今天的我們難以想像：睡覺的炕是土堆的，桌子是土砌的，連凳子都是土做的。唯一的一張沙發硬邦邦的，坐一會兒就不舒服。可就是在這個養尊處優的孩子連一分鐘都待不下去的屋子裏，樊錦詩與她的前輩後輩一起在油燈下完成了不計其數的研究報告。

是的，大漠的夜裏風聲嗚咽，一盞如豆的燈火忽明忽暗。唉，那時的敦煌真的太苦了。那裏沒有電燈，敦煌文物研究所（敦煌文物研究所的前身是一九四四年成立的敦煌藝術研究所，一九五〇年改組為敦煌文物研究所，一九八四年擴建為敦煌研究院。）直到一九八一年才通電，在那之前樊錦詩和其他敦煌研究人員除了昏暗的油燈，所能藉助的唯有天地之間的日月光華。那裏也沒有自來水，沙漠地帶本來就缺水，飲用水是那麼珍貴，誰敢用來盡情地洗手、洗澡呢？就連飲用水，也是又鹹又苦的，和北京城裏不能比，更不可能像她的家鄉江南的水那麼甘甜。

那時候又沒有手機和網路，整個敦煌文物研究所只有一部手搖電話。這個羅布泊邊緣的小城交通不便，訊息閉塞，宛如一座孤島，只有匆匆過客來了又去，真正駐守在這裏的人只有樊錦詩和她的同事們。

住在這樣的「孤島」上，要說一點也不害怕，那不是真的。有一件事給樊錦詩留下了很深刻的印象，直至今天依然難以忘懷。

那還是初到敦煌實習的時候，同行的只有她一個女學生，住在莫高窟旁邊的破廟裏，晚上用蠟燭或手電筒照明。讓她頭疼的是夜間上廁所必須出門走上一段不算短的路，她不好意思麻煩別人，往往一個人硬著頭皮去。

有一天晚上，她照舊一個人走夜路去上廁所。走著走著，沙漠強勁的風在耳邊淒厲地怪叫，她裹緊了衣服，忽然覺得哪裏有點不對勁，一扭頭，猛然間發現黑暗之中有一雙綠幽幽的眼睛，正在目不轉睛地盯著自己看！

「這是……這該不會是……狼吧？」

樊錦詩聽同鄉們說過，敦煌是有狼的。狼會將兩隻爪子搭在人的肩膀上，等人回頭的時候就一口咬在脖子上。本來風就吹得人渾身發冷，再被這麼一嚇，她渾身都僵了，不敢再回頭，愈走愈快。

躲回宿舍後，樊錦詩徹夜未眠。第二天天亮起來，她和其他人講述了這一段夜晚的冒險，別人卻哈哈大笑，告訴她那其實是一頭驢。

而那想像中綠幽幽的「狼眼」，原來是那頭驢的大眼珠子。

樊錦詩這才鬆了一口氣，也笑了起來。

敦煌有一幅名叫〈勞度叉鬥聖變〉的壁畫，採用左右對稱的構圖形式，畫出了婆羅門教徒勞度叉與佛教徒舍利弗各坐一方鬥法的情景。

一場激烈的較量開始了。勞度叉先化作一座高峻的寶山，有眾神仙駕鶴乘龍唱著歌，舍利弗變身為一位金剛力士，用金剛杵把寶山打得粉碎；勞度叉又化作一頭水牛，舍利弗則變身為猛獅，咬死了水牛；勞度叉又化作一座波濤洶湧的深水池，舍利弗則變身為一頭大象，用長鼻子吸乾了池水；勞度叉又化作一條巨大的毒龍，舍利弗變身為美麗的金翅鳥，把毒龍啄死；勞度叉又化作夜叉，舍利弗變身為毗沙門天王，夜叉只好跪地求饒；勞度叉又化作一棵大樹，舍利弗就吹了口氣，頓時狂風大作，把大樹連根拔起，還吹倒了勞度叉的帷帳。勞度叉無計可施，只得甘拜下風，皈依佛法。

樊錦詩和她的同事們堅守在敦煌，就像這個故事裏的舍利弗一樣。只不過他們鬥法的對象不是人，而是惡劣的自然環境下不容樂觀的文物保護狀況。樊錦詩和敦煌的工作者們就像金剛力士，用雙手抵擋著大漠的風沙，不讓它們侵蝕珍貴的洞窟；又像是美麗的金翅鳥，以羽翼護住雕塑和壁畫，不讓這些文物再流失到別的地方。

不過，當時的敦煌雖然條件艱苦，甚至需要戰勝普通人難以克服的困難，但也清靜安寧，無人打擾，倒是一個潛心做學問的好地方。

在不同時間從四面八方來的志同道合者，就這樣在黑夜中以非凡的意志腳踏實地的工作，一點一點拂去歷史落下的塵埃。經過幾代人不懈的努力，沉睡千年的敦煌莫高窟寶藏終於睜開了雙眼。

江南囡囡

在勇敢地爬上蜈蚣梯之前，樊錦詩也曾經是一個孩子。

她祖籍杭州，一九三八年七月九日生於北平協和醫院。因為是早產兒，她和孿生姊姊被放在保溫箱裏留院觀察。她從小就體質偏弱，多病多災，姊妹都是「梅」字輩，所以大姊的名字裏有「梅」字，但清華大學畢業、身為工程師的父親認為女孩子也要飽讀詩書，所以分別以「詩」、「書」為這對雙生姊妹命名，寄予厚望。

日本發動全面侵華戰爭，北平失陷後，知識份子們拒絕向侵略者妥協，紛紛離開，樊錦詩一家也南下謀生，移居上海。由於家裏孩子眾多，父親一人工作，母親操持家務供姊弟五人生活和讀書負擔很重，所以「詩」、「書」姊妹倆由外婆家照管，一直到全家搬去虹口區。

那個年代觀念陳舊，認為女子無才便是德。

幸虧父親沒有重男輕女的思想，他說服了老人，堅持讓姊妹倆和弟弟們一樣進正式的學堂。

自此，樊錦詩走上了漫漫求學之路。她先後上過三個私立小學：愚園路的彼得小學、求德小學和海寧路的善導小學。公私合營之後，又進了公立的中學。

就像今天的孩子們一樣，樊錦詩姊妹在學期伊始領到新書回家，總是要和父母一起包書皮。只是那時的書皮絲毫不華麗，只是乾乾淨淨的牛皮紙。包好後，父親就在書封上工工整整地寫下「樊錦詩」三個字，都是楷書。他不僅自己練習書法，字寫得漂亮，還找來顏真卿、歐陽詢的字帖讓孩子們臨摹。樊錦詩除了臨帖，也喜歡模仿父親的字，她的字和父親的很像。

父親熱愛中國古典藝術和文化，還教孩子們背誦《古文觀止》。他曾對樊錦詩說：「中國人，一定要學好古文，文章要寫得好，必須要學好文言文。」

父親的外語也非常好，他常帶孩子們去看電影。在愚園路的百樂門影院，樊錦詩看過《出水芙蓉》、《綠野仙蹤》等電影。有一次，姊妹倆從父親的書架上翻出了一套精緻的書，可是打開一看，發現一個字也看不懂。原來，當時學校教的是俄文，而這套書是英文的。父親說，這是英國莎士比亞寫的戲劇，裏面有很多哲理。朱生豪的譯本最好，可以先找中文的譯本來讀，以後要學好英語，這樣就可以看很多英文書籍。

在樊錦詩的心中，始終有一個畫面揮之不去，那就是父親彎著腰、認真繪製圖紙的樣子。父親是工程師，對工作十分投入，手上總是不離三角板、曲線板、丁字尺、計算尺。他為人低調，下班回家後不是繼續廢寢忘食地工作，就是沉浸在書本之中。

言傳身教，是上一輩的父母樸素而深刻的教育方式。一飯一食、一筆一畫是教育，一言一行也是教育，父親的認真影響了樊錦詩的一生。之後的歲月裏，在荒野大漠中守著七百三十五座洞窟，她不是沒有想過離開，是這份認真、這份單純與執著令她選擇了堅持。

樊錦詩在家庭的呵護下長大，接受了良好的教育。但當時的上海極不平靜，這給她的童年留下了震驚與恐懼。她記得，抗戰期間，上海淪為「孤島」，每家每戶的玻璃窗上都貼著米字格紙條，以防轟炸來襲震碎玻璃，連窗簾都是黑的。

抗戰時期，由於通貨膨脹、籌備軍糧以及限價等原因米價瘋漲，普通市民都想盡辦法出去弄米，有孩子的家庭生活更是艱難。樊錦詩在上學路上親眼見過路邊餓死的外省難民，心中充滿了同情。

特別是有一家的月婆子（產婦）出去買米，好幾天都沒有回來，本以為她是去了鄉下找米，沒想到竟是被日本人抓去了。這件事給了童年的她強烈的衝擊，令她至今難忘。

形勢變得愈來愈嚴峻。有一天晚上，樊錦詩姊妹和外婆所住的公寓樓外忽然傳來日本兵的叫喊聲、汽車的鳴笛聲，接著樓道就被吵鬧聲包圍了。透過門縫，樊錦詩看見背著槍的日本兵押著一群高鼻子的外國人往外走，心裏害怕極了。當時她不懂是為什麼，長大成人後才明白，很可能是「珍珠港事件」爆發之後，美國向日本宣戰，所以日本兵突然來抓捕住在這棟公寓樓裏的美國人。

一九四五年八月抗戰勝利，日本無條件投降。九月二日上午九時十分，在日本東京灣內美國戰艦「密蘇里號」上，日本代表簽字，向同盟國投降。「舊恥已湔雪，中國應新生」，整個上海陷入了興奮與狂喜之中，舉行了各種慶祝活動。這時，樊錦詩已經七歲了。

那時候，大人們會給孩子們講岳飛、文天祥、戚繼光等古代著名將領的故事，當時的書本、積木上也都印著這些英雄人物，這樣的教育在幼小的樊錦詩的心靈裏深深埋下了愛國的種子，對她影響深遠。

在整個童年時代，樊錦詩和當時的所有人一樣，心中有一種強烈的信念：「絕不當亡國奴！」

之後，她就讀於上海市新滬中學。父母對她的學業向來放心，唯一不放心的是她的身體。

樊錦詩從小體弱，在海寧路上小學三四年級的時候，就得了一場可怕的重病。那天，她像平常一樣去上學，可在進教室之前，突然感到渾身發熱，路也走不動了。但性格堅強的她沒有回家，硬是扶著牆一點點地挨到了教室。

老師發現樊錦詩額頭冒汗，難受得什麼都說不出來，立刻讓班裏同學送她回家。她不願耽誤同學上課，到了樓梯口就讓同學回去。可同學一走，樊錦詩就連爬一級樓梯都感到萬分吃力。好不容易上了三樓，到了家門口，腿幾乎失去了知覺，她站不住了，只能趴在門上拚命地捶門。家人打開門，發現樊錦詩趴在地上直喘氣，嚇得趕緊把她扶進屋子休息。

一開始，家人以為她是營養不良，得了「軟骨病」，其實她患上的是脊髓灰質炎，也就是俗話說的「小兒麻痺症」。病情來勢兇猛，樊錦詩很快就從不能開口說話發展到神志不清。一位替祖父看病的醫生用小錘子敲了敲她的腿，確診是危急的傳染病，必須盡快隔離，送醫院治療。

當時的醫療條件遠不如今天，小孩子一旦感染上這種嚴重的病毒性傳染病，輕則癱瘓，重則死亡，也根本沒有對症的藥。醫生給了家人一張名單，上面都是得病後康復的孩子。他們雖然多少留下了一點兒後遺症，但體內也有了抗體，輸血給樊錦詩，或許可以救她一命。可是，聯繫了很多人，最終願意輸血給她的，還是她的雙胞胎姊姊——姊姊實際也感染了，只是抵抗力好，沒有發病，體內也有了抗體。

就這樣，樊錦詩幸運地逃出了死神的手掌，而且病好了以後還能正常說話、走路，沒有留下什麼後遺症，這不能不說是一個奇蹟。不過，自得病之後，她的行動就不是那麼穩健俐落了，年紀大了之後更是搖搖晃晃的。

可就是這樣兩條瘦弱的腿，從上海一路走到了北京，又從北京走到了遙遠的敦煌。敦煌的瑰寶需要一代又一代的守護者，而這個體弱多病的江南囡囡竟會走出海上繁華，長大成人，又穿過荒漠戈壁的風沙，走過了幾十年普通人難以想像的艱難坎坷之路。

北大，北大

「教育者，非為已往，非為現在，而專為將來。」

北京大學原校長蔡元培先生曾經說過的這句話，闡明了現代教育對於國家和民族的意義，也值得今天的每一個學人深思。

默默研究學術，不為追名逐利而活，從走進北京大學的那一刻起，樊錦詩一生的基調已經確定。而她後來為敦煌所做的一切，恰恰印證了蔡元培先生的話。

「大學生當以研究學術為天職，不當以大學為陞官發財之階梯。」正是具有這樣優良傳統的一所大學，深深吸引了高中畢業的樊錦詩。

「我在高中時代，就非常憧憬北大。平時父母對我的學習不多過問，高中畢業我沒徵求父母意見，就獨自填報高考志願，思忖再三，大膽在志願表上填寫了北京大學。當時是先填志願，然後高考。」

北大是她的心之所向，這是無須猶豫的。可報考哪個系所，她卻是好一番思量。

當時，父母對樊錦詩管得並不嚴苛，她還是有時間閱讀閒書的。《西遊記》、《水滸傳》、《三俠五義》，只要是身邊有的書，她都津津有味地讀了，一套偵探小說《福爾摩斯探案》尤其令她愛不釋手。那個時代的學生都愛讀蘇聯小說，比如《鋼鐵是怎樣煉成的》和《靜靜的頓河》。樊錦詩不僅讀了這些大家都看的書，還讀了《牛虻》、《基督山恩仇記》、《茶花女》、《悲慘世界》和《包法利夫人》，甚至十九世紀的批判現實主義小說。古典、現代、中國、西方，不拘一格……看起來是讀閒書，亂翻書，實際上這豐富的閱讀打開了她的視野，讓她足不出戶就看見了廣闊的大千世界。

在這樣的閱讀之中，樊錦詩慢慢找到了方向。

她最崇拜的就是居里夫人，覺得居里夫人是個了不起的科學家，於是一心想要學化學。她發現化學很奇妙，不同試管裏的溶液倒在一塊兒，竟能變出新的東西，就像魔術一樣。華東化工學院（一九九三年更名為華東理工大學。）也差一點成為她的大學志願。

醫生救死扶傷，是一份神聖的職業，也曾是樊錦詩最初的理想。她兒時多病多災，多虧醫生看好了自己的病，這才有了光明的未來。她本想填報這個志願，但有一個聲音打消了她的念頭：「就你這個身體還想學醫？恐怕不行，到底誰給誰看病？」——的確，醫生的工作非常需要體力，自己的身體狀況不好，將來萬一耽誤了病人的治療怎麼辦？她雖然捨不得，也只得放棄這個念頭。

正在躊躇之時，老師建議樊錦詩去報考師範學校，可是她卻不是很有興趣。在她的想像中，老師在講台上是要不停說話的，自己這麼一個不愛說話的人，真的適合成為老師嗎？

想來想去，樊錦詩想到了歷史。自己一向喜歡看書，也因此愛上了歷史，而且大家都認為學習歷史不需要體力，填報歷史學系應該會是一個最好的選擇。於是，她鄭重地填報了三個志願，第一志願是北京大學歷史系，第二志願還是北大。雖然她不想當老師，但還是尊重老師的建議，第三志願填了華東師範大學。

只是她萬萬沒想到，自己以後會在歷史學系裏，選擇考古。

直到高考都結束了，父親問起樊錦詩的學業，她說：「我已高中畢業了。」

「你都高中畢業啦？」父親驚訝道。

「我已考大學了。」樊錦詩驕傲地答道。

「你考哪所大學？」

「填報了北京大學，但還沒發榜，不知道能不能考上。」樊錦詩答得很實在。

父親聽說女兒報考了北大，十分高興。

「孩子，你等一下。」說完，父親打開箱子找了半天，小心翼翼地取出了一份文件，遞到樊錦詩手上。

「這是什麼？」樊錦詩好奇地問道。

「北京大學的聘書。」

父親告訴樊錦詩，自己從清華大學畢業後，曾經在北京大學當過兩年講師。樊錦詩還是第一次聽父親說起這段過去的經歷，對父親曾經任教的地方更加嚮往了。

「北大是一所特別好的大學，有不少著名的教授，你考北大，會感到與中學完全不同，是另一個天地，眼界會很開闊。」

不久之後，樊錦詩真的接到了北京大學的錄取通知。這是一種幸運，但更是一種水到渠成，這個成績沒有辜負自己一直以來的刻苦學習。

一九五八年，她如願跨入北大校門，成了歷史系的學生。

而她的兩個姊姊和兩個弟弟都沒能上大學。

大姊讀了師範，喜歡畫畫和書法的二姊初中畢業後開始工作。熱愛工程和鑽研的大弟後來接了父親的職位，在父親原來的單位工作，不久就子承父業，成了一名工程師。

入學不久就分學科，應該報什麼學科呢？

這決定命運的一步棋，樊錦詩沒有猶豫很久。在上海讀中學時，她就喜歡到博物館看文物展覽，知道許多精美的文物都是經過考古發掘出土的。對於考古，她充滿了悠遠的遐想，認為考古一定是件很有意思的事。其實當時的樊錦詩，對考古工作究竟是要幹什麼沒有頭緒，對於未來的艱難險阻更是一無所知。

她不假思索就報了考古學科。

只是為了興趣，就像她的前輩——在一九三六年連續發現三具「北京人」頭蓋骨的賈蘭坡先生，當被問及最喜歡做的事情，他說是「鑽洞，很神祕，很好玩」。

「它已經睡了，我們還要把它喚起來。」九十多歲的賈蘭坡談到「北京人」頭骨的時候，用的依然是這樣一種充滿了夢想的口吻。

樊錦詩也是這樣，憑著年輕人的熱血與勇氣走進了考古，也漸漸走進了敦煌的夢裏。

我的命就在敦煌

與一般歷史系學生在課堂裏聽講不同，田野考古實習和專題考古實習是考古學科的學生必不可少的功課。關於那時的學習，樊錦詩回憶道：「考古的研究對象是古代留存的各種遺跡和遺物，必須採用科學的田野調查、發掘方法，並對發掘揭示的遺址和遺物進行記錄、整理和研究。沒有野外考古的實踐和鍛煉，就談不上學會考古。」學了考古，就注定了要風裏來，雨裏去，和泥沙塵土打交道。這和運用歷史文獻進行研究，差別可不是一星半點。

北京大學五八級的學生分科早，參與田野考古的機會就比較多。一九五九年，他們參與了陝西省華縣發掘工地的「認識實習」；一九六〇年，參與了懷柔搶救性發掘；一九六一年，參與昌平的雪山發掘，不僅發掘雪山文化遺址，還發現了東周燕國墓葬、漢代墓葬和遼代居住遺址。

大學一至三年級，樊錦詩參加過三次野外考古實習。在考古工地上從測量、開方、挖土、斂平地面、分辨土色、劃分地層，到用小鏟清理發掘、刷陶片、拼合、簡單地修補、整理、繪圖、拍照、文字記錄，她和同學們每一步都虛心學習，在老師們親自指導下認真操作。這些師長不僅擁有豐富的考古學知識，在課堂上能夠旁徵博引，侃侃而談，而且都經過長期野外考古實踐磨礪。樊錦詩在他們耐心而嚴格的指導下，學到了野外考古的方法和技能。

一九五八年是北大正式成立考古學科的第一年，在此之前，歷史系的考古專門化已經有超過六年的積澱。為樊錦詩和同學們授課的師長都是中國歷史、考古學界有影響力的學者，他們無不懷有深深的家國情懷，擁有深厚的學術功底、獨到的學術成就，如周一良、張政烺、田餘慶、商鴻逵、張廣達、蘇秉琦、宿白等。尤其是講授中國考古學課程的師長，如教授舊石器考古的呂遵諤先生，新石器考古的嚴文明、李仰松先生，商周考古的鄒衡先生，戰國秦漢考古的蘇秉琦、俞偉超先生，三國魏晉南北朝隋唐宋元考古的宿白先生，中國考古學史的閻文儒先生等，都是中國考古工程的開拓者和考古學科的建設者。

一九五八年的北大正在進行教學改革，學術氛圍濃厚，考古系的師生們一直保持著愛國、進步、民主、科學的傳統和勤奮、嚴謹、求實、創新的學風。

二十世紀五〇年代，與上海街頭不同，北大校園裏不少學生的衣服上還有補丁。圖書館總是擠滿了前來讀書的學生，晚一點就沒有座位，以致開門前圖書館便大排長龍，一開門學生就蜂擁而入。由於想讀書的學生太多，圖書館的座位有限，最後圖書館只得分配給各系各班座位號碼，拿不到號的同學只能站著讀書。即使如此，同學們也捨不得離開，當時的學習氛圍就是如此濃厚！

那時候物質還沒有很豐富，每個人的糧食也是定量的。食堂的甲菜是一角，乙菜是八分，都是葷菜；丙菜六分，丁菜四分，沒有肉，全是素的。有的同學為了留下錢買書看，連食堂的菜也不打，只拿個大茶缸打飯，配著家裏帶來的鹹菜就是一頓。剛到北方的樊錦詩吃不慣麵食，卻一點兒也不嬌氣，盡力去適應。一個南方人，後來大半輩子生活在以麵食為主的大西北，身上若沒有超乎常人的堅韌，是很難渡過難關的。

生活條件雖然不佳，可同學們不覺得苦，這種樂觀、積極、一心向學的熱情感染著所有人。

師長們傾其所能地教學，同學們勤奮刻苦，樊錦詩作為其中的一員，和大家一起將雜念拋到腦後，投入學習考古。

北大以文理交融、兼容並包的學術風氣而著名。那時的歷史系大家雲集，其他系科也是群星燦爛，學生可以同時接觸不同治學風格的老師，培養出開闊的視野。

學習之餘，北大學生們聆聽演講，學習創作，欣賞藝術。有一次，樊錦詩和幾個同學一起到王府井北京人民藝術劇院看《雷雨》，那時候可沒有地鐵這麼方便，需要坐三三二路公車到動物園站，再坐一〇三路電車到北京人藝。從劇院出來時，他們錯過了最後一班車。但大家沒有生氣、抱怨，只是三五成群地唱著歌，從王府井走了很久很久，一路走回北大，到學校時已是凌晨四點。那個為了藝術而徹夜不寐的夜晚，那一張張朝氣蓬勃的年輕面龐，都深深印在樊錦詩的腦海裏。她想，這樣單純而熱烈的精神，恐怕只能出現在那個年代吧。

那時的敦煌對於樊錦詩來說，還是地圖上的一個名字、書本裏一篇篇的文物資料、絲路上一幅幅遙遠的畫卷。然而，她在北大的所學所思，已如一股涓涓細流，與她的命運一起匯入了莫高窟的未來。之後在敦煌的日子裏，這種不畏艱難、以學問為重的精神，成了艱苦生活之中明亮的燈塔。

樊錦詩曾說：「我給自己『算』了次『命』，我的『命』就在敦煌。」

花點點手絹

樊錦詩笑著說：「別的女同志一天把自己收拾得乾乾淨淨、整整齊齊的，這是最起碼的，也有人打扮得很時尚。但我這個人從小就不太注意這個，生活中馬馬虎虎，有時候丟個釦子，釦子繫錯，襪子反著穿，這都有，大家會覺得『這個傢伙很邋遢』，是不是？有時候確實也顧不上來。再加上我們這個環境，一些剛來的年輕人，時間一長好像也都不太注意打扮了。」

敦煌的生活是那麼簡單，都市的一切裝扮在大漠的風沙中都失去了意義。更何況，樊錦詩從學生時代起就是個樸素的女孩，對於外表，她從來就不太在乎，可對於真摯的心靈，她不會無動於衷。就在北京大學，樊錦詩遇見了同樣樸素卻與她一生相知相守的人。

身材嬌小的樊錦詩從上海走進北大校園，這時的她尚未經過敦煌風沙的磨礪，還充滿了孩子氣，入學不久就鬧了幾次笑話。洗的衣服忘了收回來，幾天之後再去找就找不到了；過了不久，竟連被子也忘了收。半年下來，生活用品七零八落，不是少了這個，就是缺了那個。這一點兒也不奇怪——樊錦詩在上海的家裏有保姆，從小在生活上被照顧得無微不至，第一次遠離故鄉，她當然就「笨手笨腳」起來。

「再丟就該把你自己給丟了吧？」父親擔心她不適應，給她寫來充滿關心的家信。

樊錦詩是個要強的女孩，於是她開始學習縫釦子、補衣服，照顧自己。北上求學的這五年裏，她雖然依舊不在乎穿著打扮，但漸漸獨立自主，變得成熟起來。

大學時代的樊錦詩就像校園裏的樹木一樣安靜，但對於每件事都有自己的見解。在學校裏，她最喜歡的地方就是圖書館，除了上課，就是與書籍為伴。樊錦詩認真讀書的背影給同學們留下了深刻的印象，也印在了一個人的心裏。

不知從什麼時候開始，一位名叫彭金章的男同學總是會比她早到，並且在身邊給她留一個座位。

「謝謝。」樊錦詩放下書，笑了笑，大方地坐了下來。

「沒什麼。」彭金章也沒有更多的話，就繼續讀自己的書了。他是考古學科的生活委員，生長在河北農村，為人淳樸實在。

那個年代，人與人之間的感情單純而深沉，沒有誇張的語言動作，也很少實際的物質考量。

圖書館靜悄悄的，兩個年輕人坐在一起，為了共同的志向而讀書，一段真摯的感情就從這默默無言的關心中萌芽。一開始，甚至連當事人也未必意識到這就是愛情。

樊錦詩有一個習慣，她喜歡在手腕上繫一塊手絹。彭金章看在眼裏，就特意選了一塊這樣的手絹，悄悄地送給她。

這塊手絹上繡著各種各樣不同顏色的小圓點。他忐忑不安地想，樊錦詩收下了，她應該會喜歡的吧？

但這個實心眼的男生當時並不知道，樊錦詩收下這塊手絹，是對於這份心意的接受。其實，她並不喜歡手絹上紅的、綠的、黃的小圓點，那不符合她一直以來樸素的審美觀。然而，她什麼都沒說就收下了——面對同班同學的真心誠意，挑三揀四更不符合她一直以來不拘小節的性格。

彭金章見樊錦詩沒有拒絕這份好意，感到這份感情是有希望的，於是又把他認為最好吃的家鄉吃食帶給她品嘗。

江南姑娘的口味清淡而細緻，與北方人有著天壤之別。彭金章覺得好吃的東西，對樊錦詩來說根本不是那麼回事。但就像接受繡滿小圓點的手絹一樣，她還是什麼都沒說，一副很開心的樣子，把那些不合口味的北方食物吃完了。

樊錦詩沒有嫌棄彭金章贈送的手絹款式不好，也沒說他帶來的北方吃食味道不佳，對於外在的東西，她向來就不太在意，透過這些表面的不合適，她看見的是一顆熱情、淳樸的心。這樣的一顆心，就像金子一樣寶貴。只是當時的樊錦詩還不知道，這樣的一顆心，未來不僅與她相知相守，還與她一起成了敦煌的守護者。

樹下彈箏

從年輕的時候起，彭金章就被同學、同事習慣性地稱作「老彭」；樊錦詩則始終被人喚作「小樊」，直到她年紀大了，人家才不這麼叫。「老彭」總是笑呵呵的，充滿了親和力，跟大家都能打成一片。他對身邊的人有一種出自本能的關懷和照顧，既細心，又有耐心，比起同齡人，他彷彿長了幾歲，這恰好與單純直爽、不拘小節的「小樊」兩相互補。

從在圖書館一起讀書起，「小樊」對「老彭」的第一印象就定下了——可信。自此之後，兩個人走過了學生時代，又共同度過了悠悠歲月，這印象卻始終沒有改變過。大學期間，不是沒有別的同學追求她，但樊錦詩從沒考慮過「老彭」以外的其他人。「一眼定終生」，她對「老彭」是這樣，對敦煌也是這樣。

儘管出身於條件優越的知識份子家庭，但樊錦詩從不以大小姐自居，她的身上只有家庭給予的良好教養，卻沒有一絲挑剔和嬌氣。在她看來，華而不實的人、事、物只是過眼雲煙，美好的心靈卻是永恆的。

樊錦詩曾多次在演講中提到，莫高窟第八十五窟南壁有一幅晚唐壁畫〈樹下彈箏圖〉，壁畫中的男子叫善友，是古印度波羅奈國的太子。善友與弟弟惡友下海尋寶，不料被心術不正的惡友刺瞎雙眼，奪走寶珠。善友流落利師跋國，為國王看守果園。

善友彈得一手好箏，經書上說：「善友善巧彈箏，其音和雅，悅可眾心。」他每天一邊看管果園，一邊在樹下彈箏自娛，排遣情緒。或許是天遂人願，一日，利師跋國公主來到果園，被優美的琴聲吸引，來到善友太子面前，看到了這位正在彈箏的盲人。

善友手指間流淌出來的音樂令聰慧的公主動容。這是怎樣的聲音呢？她停住了腳步，心靈感到一陣難以控制的震顫。此刻，只有她真正聽懂了眼前這位盲人的情懷。公主並不知道，眼前這個男子就是父母之前為她挑選的未來夫婿，但她知道這位盲人絕非等閒之輩，也明白他對自己今後人生的意義。

公主毫不猶豫，向善友表達了心意，兩人因琴聲而結緣。儘管國王堅決反對，但公主仍執意與善友結婚。婚後，善友才告訴公主自己的太子身分。後來，善友的眼睛復明，帶著公主返回波羅奈國並索回寶珠。最終，他將寶珠換為吃穿物品，救濟蒼生。公主得到了她想要的愛情，收獲了幸福。

高山流水，知音難覓，戰國時期，俞伯牙鼓琴，也只有鍾子期聽得明白。敦煌這幅壁畫的畫家選取了「樹下彈箏」這一特定情節，為我們展示了一段美好的愛情故事。

敦煌壁畫故事跌宕起伏，守護者的愛情卻恬淡自然，不過有一點是相同的：人們固然會被外在的東西所打動，但真正的愛情最終還是愛一個人的內心，並在精神上志同道合。「知我者謂我心憂，不知我者謂我何求」，人生一世得一知己，這樣才不會有遺憾。

西行護寶

一九六二年下半年，樊錦詩在北大考古大五的時候，突然接到了學校畢業前最後一次專題考古實習的安排。她自小就對文化藝術感興趣，當時又恰好剛讀完《人民文學》連續兩期登載的報告文學〈祁連山下〉，文中主人公原型常書鴻先生只因在塞納河畔對《敦煌圖錄》的一瞥，竟離開繁華之都巴黎，投身於大漠邊陲，一輩子嘔心瀝血地研究守護莫高窟。三危山的金光，劫後餘生的千佛洞，無數的經卷、壁畫和雕塑……這個未曾到過西北大漠的江南姑娘，不禁開始在腦海中勾勒敦煌的模樣，莫高窟的一切都令她悠然神往。

一個人該有怎樣的幸運，才能前往那絲綢之路上的明珠之城，一睹人類文化藝術的寶庫啊！如今，機會終於來了，專題考古實習分小組時，樊錦詩毫不猶豫地選擇了去敦煌莫高窟組實習。

她在文章中回憶道：「宿白先生是這個實習組的指導教師。宿先生教授中國歷史考古學中的三國魏晉南北朝隋唐宋元考古，涉及廣泛而複雜的古代社會文化，他擅長將考古和歷史文獻結合，對三國至元代千年廣闊的考古遺跡進行深入的調查研究。與我實習有關的中國歷史考古學中的一個分支——中國石窟寺考古學，是由宿先生所建立的。他首次以科學的考古學方法調查、記錄和研究中國石窟寺遺跡，打破了過去僅限於從美術史角度研究石窟寺的狀況。」

嚴師出高徒，每次樊錦詩向宿先生報告學習情況，他都會提出問題。

寫畢業論文時，宿先生詢問樊錦詩的進度，她說：「已經開始寫前言。」

宿先生問了一句：「你寫文章是先寫前言啊？」

當時樊錦詩沒聽懂宿先生在說什麼。直到論文寫完，發現前言與文本內容不相吻合，才明白原來宿先生是在指出她的問題。這是一種既嚴格又委婉的指導，只有負責任和愛護學生的師長才會如此。

從北大畢業之後，樊錦詩還多次去向宿先生請教，他從來都是耐心地指出問題，提出建議，這令樊錦詩獲益匪淺，也奠定了後來樊錦詩在敦煌研究學術、對待每一位守護者的基調。

實習時，樊錦詩與馬世長等四人在宿先生的指導下，按照考古學的方法，對莫高窟的幾個典型洞窟進行了一次實測、記錄。特別幸運的是，他們在敦煌文物研究所還聽到宿先生講授的「敦煌七講」，這是宿先生建立中國石窟寺考古學體系的首次講授，同時也為敦煌石窟的考古研究奠定了理論和方法基礎。

由此，樊錦詩見識到了敦煌的美，與此同時，卻也不得不領受敦煌的苦。洞窟裏是不食人間煙火的神仙世界，洞窟外卻要面對衣食住行每一步的困難。

爬上蜈蚣梯的她，不是沒想過要下來。

老鼠、驢車和熱血的抉擇

五十多年前，敦煌還是個黃沙漫漫、塵土飛揚的小城。沒有電燈，沒有自來水，沒有水沖廁所，這和她在上海的家、北京的學校差距太大了。

「房子天花板是紙糊的，會時不時咚地掉下一隻老鼠，真是嚇壞我了，我見不得老鼠這樣的東西。」樊錦詩想起那一幕還是心有餘悸，她這麼說的時候，一瞬間又變成了當年那個初來乍到的江南女孩。

不僅如此，敦煌的伙食和大城市更是天差地別，一天只能吃兩餐，食物是白麵條，配菜是一碟鹽、一碟醋。沒有商店，聽不到收音機，看的報紙都是十天前的。一九五九年到一九六一年的「三年困難時期」，全國上下糧食和副食品短缺，甘肅更是重災區，最困難的時候只能打草籽充飢。實習時樊錦詩最渴望吃的就是水果，水果成熟之後所有人才拿到一臉盆，再分到每個人手上，就更是少得可憐，一小份水果一眨眼就吃光了。可她覺得那真是這輩子吃的最甜的水果，即使後來物資豐富了，都不能和那一天晚上吃到的水果相比。

爬蜈蚣梯進洞做研究，每個人都是灰頭土臉的。可是敦煌的水那麼寶貴，整個實習期間，樊錦詩的頭髮幾乎就沒洗過，就算是再不在乎形象的人，對於這一點也是難以忍受的。

對於常書鴻先生，樊錦詩初見時心中也頗為失望：「若不是架了副眼鏡，不說話的樣子跟老農民也差不多。」

這些前輩已經在這種條件下工作生活了十年、二十年，甚至都不像是自己心目中學者的斯文模樣了，她不由得在內心深處驚呼：這個研究所條件太差了。如果是我，這鬼地方一天也待不下去。

事實也是如此，這樣惡劣的條件下，水土不服的樊錦詩終於還是病倒了。在莫高窟，要是生病了，需要驢車拉著擔架送去縣城醫院才能治療。就這樣，實習不到三個月的樊錦詩回到了北京。

艱苦的實習結束了，每個同學離開敦煌的時候心裏想的都是：實習結束了，不要再回去了吧。

一九六三年，樊錦詩從北京大學歷史系畢業了。

她的戀人彭金章畢業後被分到武漢大學，而她本人卻面臨著兩難的選擇。

樊錦詩沒有想到，畢業分配會把自己分去敦煌。那一屆專攻考古的學生特別多，有三十多個，畢業分配時聽到自己和馬世長的名字，樊錦詩楞住了，第一次去就水土不服，實習沒有結束就回校，怎麼學校又會定下讓自己去呢？馬世長是家裏唯一的男孩，他的母親聽到兒子被分配去敦煌後號啕大哭，後來在火車站送別時又哭成了淚人。

原來，為了敦煌的分配，整個畢業方案的宣佈都推遲了。學校知道樊錦詩身體不好，也知道她有男朋友，但還是希望她能去敦煌。因為實習中她踏實、出色的表現給當時的敦煌文物研究所留下了良好印象，所長常書鴻點名希望樊錦詩去敦煌工作，於是研究所特意寫信來要人。

學校提出，讓樊錦詩和馬世長先去，過三四年再用畢業生把他們換回來，這樣既能解決敦煌考古人才緊缺的燃眉之急，也不耽誤他們未來的工作與生活。

其實，無論是從哪方面考慮，留校對樊錦詩來說都是合情合理的，敦煌的洞窟、艱苦的生活與她一點也連不上關係。

樊錦詩的父親心疼女兒，親自寫了一封長信，要樊錦詩轉交學校的負責人。看慣了的工整小楷字，在信裏寫了不少實際困難，特別是擔憂「小女自小體弱多病」，而這也都是事實。

可是她也不知道哪兒來的勇氣，把這封信截下了，因為她畢業前已經向學校表態，會服從畢業分配，到國家最需要的地方去，父親的信如果交上去就等於說話不算話。樊錦詩再次背起行囊，義無反顧地向西而行，前往敦煌。她下定決心，這次去敦煌，絕不能半途而廢。

這個熱血激盪的舉動，不禁令人想起敦煌榆林窟第三窟的西壁，有一幅叫作〈普賢變〉的壁畫。

壁畫之中，普賢菩薩乘著大象，舒展右腿半跏趺坐在蓮座上，冠帶、披帛、瓔珞隨風飄揚。

祂手拿經書，俯瞰蒼生，面孔上流露出慈悲的表情，在菩薩、天王、羅漢和天人眾星拱月的環繞下，乘雲浮遊於大海上。

畫面的左側有一個我們所熟悉的情景——白馬、猴子、僧人。僧人雙手合十，彎腰作揖，頭頂著一圈柔和的佛光，白馬背上馱著蓮花座和佛經。他身後的猴子仰著腦袋，臉上神情驕傲頑皮，看起來野性未泯。這不分明就是《西遊記》嗎？由此或許可以推測，這是玄奘取經成佛歸來的場景。

早在唐宋時期，就有民間藝人在宣講、演繹唐僧取經的故事。明代吳承恩更是在上述傳說、平話、雜劇的基礎上，創作出一百回的章回體小說《西遊記》，精彩講述了玄奘及其弟子孫悟空、豬八戒、沙和尚和白龍馬一路降妖伏魔的神話故事。值得一提的是，敦煌壁畫有六處與玄奘取經相關的場景，以這一幅最為清晰，而且比吳承恩的《西遊記》早了三百多年。

敦煌石窟歷經千年歲月，遭受戰爭、動亂、盜賊的破壞，如今陷入荒寂，宛如廢墟。樊錦詩心中明白，拯救這處歷史、文化藝術的寶藏刻不容緩；她亦知道，在荒無人煙的大漠深處，生活艱苦的研究所裏，還有像常書鴻、段文傑這樣優雅而敏感的藝術家們，為了拯救敦煌莫高窟，寧願在這裏扎根，活得像個農民。這些事，注定是要有人去做的，此時不做，更待何時？

就像這幅〈普賢變〉一樣，樊錦詩為了心中最初的夢想，毅然踏上了西遊的征途。

「我們那代人想法很單純，國家需要我們到哪裏去，就到哪裏去。不過我沒想到一去就是一輩子。」

臨行前，樊錦詩與彭金章相約，自己在敦煌「玩」三年，把壁畫、彩塑看個遍，就奔向武漢，兩人成家。

學校的承諾也讓她懷有希望：等過幾年再有畢業生，她就可以調回來與老彭團聚。

然而，人的命運並不會按照既定的軌道前行……

一杯沉甸甸的咖啡

敦煌研究院的角落裏，靜靜地矗立著一座石雕。

走過時未必會注意到它，可是它就在那裏，一年又一年地接受著歲月的洗禮。

那是一個留著齊耳短髮的女孩，揚起圓圓的臉龐望向遠方，看起來意氣風發。女孩背著書包，左手拿著一頂大草帽，身體微微前傾，就像敦煌的飛天一樣，明明是靜止的，卻充滿了動感。這個女孩彷彿剛剛走出校門，即將踏上人生的旅程路就在腳下，她正要出發，哪怕前途漫漫，哪怕艱難困苦，她似乎都不放在心上。

這尊石雕的名字叫作「青春」。

「青春如初春，如朝日，如百卉之萌動，如利刃之新發於硎，人生最寶貴之時期也。青年之於社會，猶新鮮活潑細胞之在身。」正如陳獨秀所言，人的一生只有一次青春，而樊錦詩最美好的青春年華，就定格在沙漠的邊緣，定格在敦煌的一個個石窟裏。有多少人知道，她就是敦煌研究院裏，那尊「青春」雕塑的原型呢？

畢業離校前，蘇秉琦先生專程把樊錦詩叫到北大朗潤園的住處。

樊錦詩從來沒有機會向蘇先生請教，此次蘇先生喚她前去，她感到幸運之至。進門後，蘇先生請樊錦詩坐下，親自為她沖了一杯咖啡。

蘇先生是北大歷史系考古教研室主任，是與夏鼐先生齊名的考古學界泰斗。他提出了一系列中國文明和國家起源的理論、考古事業建設和考古學學科建設的思想和建議，為中國考古學做出了傑出的貢獻。國家的重大科研項目——中國文明探源工程，其基礎離不開蘇秉琦先生的學術思想和理論。

他站著輕輕拍著樊錦詩的肩膀，慈祥地對她說：「你去敦煌，要知道，你要編寫考古報告，編寫考古報告是考古的重要事情。比如你研究漢代歷史，人家會問，你看過《史記》沒有，看過《漢書》沒有，不會問你看沒看過某某的文章，考古報告就像二十四史一樣，很重要，必須得好好搞。」

時隔多年，蘇先生如父親般和藹可親而語重心長的教誨，對樊錦詩來說依然清晰在耳，樊錦詩覺得肩上沉甸甸的。

「我答應我會服從分配，現在敦煌很需要我，那我就毅然決然地去。」就這樣，她和同學們帶著北大師長傳授的知識和諄諄教誨，帶著北大的精神和畢業生的使命遠赴敦煌。

去敦煌前，樊錦詩回了一次上海，在家裏度過了大學時代的最後一個暑假。那時父親已經知道了女兒的決定，也知道女兒的要強與執著，沒有再對此多說什麼。可是，當樊錦詩即將動身的時候，他卻說了一句：「既然是自己的選擇，那就好好幹。」樊錦詩的眼淚掉了下來，她明白父親心裏的不捨。

以後每次回家探親，家人都會給她買點那時只有上海才能買到的餅乾和奶糖。他們什麼也不敢問，不忍心問；樊錦詩也什麼都不敢說，不忍心說。

在大漠戈壁扎根，不僅需要非凡的勇氣，還需要日復一日的堅守。剛到敦煌文物研究所的樊錦詩，一時間依然無法適應。石窟裏是沙子，鞋裏是沙子，連頭髮裏也鑽滿沙子，沙塵暴一起就更可怕，黑乎乎的風沙鋪天蓋地壓過來，直往屋子裏鑽，彷彿真的有《西遊記》裏的妖怪襲來，要吞噬這座人類建築的小城。喝鹹水、點油燈、住土屋、睡土炕的生活不再會隨著實習期的結束而結束，變成了一種常態，如何洗澡是所有人避而不談的祕密。

可是，青春不懼來了又去的風沙，樊錦詩和同事們依然在這片荒涼的土地上，鐫刻下一行行以熱血寫就的詩句。

樊錦詩來到所裏的第一項工作，就是和其他幾位同事撰寫敦煌第一部考古調查報告。她決心在敦煌好好幹，用一己所學發掘，拍照，測量，將敦煌莫高窟的寶貝一一記錄下來，再寫出一卷一卷的報告。

正在此時，雕塑家孫紀元尋思為敦煌研究工作者雕刻一座石像，據說是要放到駐法大使館裏。孫紀元將這座雕像取名為「青春」。那個時期研究所裏的年輕人不多，能在所裏熬下來的都是飽經滄桑的師傅們，唯有剛來的北大畢業生樊錦詩風華正茂，儼然就是敦煌研究者們的「青春代言人」。於是，孫紀元向樊錦詩借了幾張畢業時拍攝的照片，以此為藍本，不久之後就雕刻好了石像。

五十多年來，每次接受採訪，記者都會問到這座雕像。樊錦詩總是特意澄清：「這座雕像不是我，只是以我的照片為藍本而已。」但在大家心裏，這座名為「青春」的石像就是樊錦詩。最終，「青春」並沒有去駐法大使館，而是留在敦煌研究院的一角。二〇一五年，有一位來自樊錦詩老家上海的記者去敦煌採訪，拍攝了一張她與「青春」的合影。五十年前的「青春」稚氣未脫而勇氣可嘉，五十年後的樊錦詩已經兩鬢斑白，經過了時間和生活磨礪，她依然笑得那麼純真。

敦煌莫高窟裏有一個「金天因緣」的故事，出自《賢愚經》卷五〈金天品〉，僅此一幅，繪於第八十五窟北壁屏風畫中。

故事講的是舍衛國有一位富豪長者，他的夫人生下一男孩，孩子身體竟然是金色的。孩子出生時，發生了一件奇怪的事情——一口前所未見的水井突然出現在庭院裏。從井裏取水時，人的心裏想什麼，井裏就會自然湧現出所想之物，錦衣玉食，應有盡有。長者一家歡天喜地，請來相師給孩子起名，相師為孩子起名為金天。與此同時，在闍波國另一巨富長者家中也誕生了一個女孩，身體也是金色的，容貌端莊秀麗。最奇怪的是，他們的家中也出現了一口同樣的水井。相師看過孩子後，為她起名為金明。

金天和金明漸漸長大成人，金天博學廣記，一表人才；金明品格端正，優雅文靜。長者們聽聞對方孩子的情況，各派媒人相求為親，都贊成這門婚事，金天和金明不久就結為夫妻。婚後，金天帶妻子金明回到舍衛國，金天的父母為孩子們備下筵席，並誠懇邀請佛祖和眾僧到家，供養他們一天。

佛祖答應了長者的邀請，用過齋飯後，為長者全家說法。金天和金明聽完說法後，虔誠禮佛，出家修行學道。經過專心的修煉，金天成為比丘僧，金明成為比丘尼，不久，二人皆修成了羅漢果位。

阿難請教佛祖，金天夫婦曾經作了何種善業，才得此善報，佛祖說：「從前，有一對生活貧困、艱難度日的夫婦無力供養僧眾，唯有暗自落淚歎息。丈夫突然想起，自家的舊房子在很久以前曾藏過金銀財寶，於是決定去那兒碰碰運氣，經過仔細尋找，終於找到了一枚金幣。夫婦倆把這枚金幣和一瓶淨水以及妻子僅有的一面鏡子貢獻了出來，種下了如此之果，得到了無窮無盡的福報，這對夫婦就是現在的金天和金明。」

這個故事講的是有什麼因，就有什麼果。可是，在現實中，樊錦詩所能奉獻給敦煌的，只有自己的青春和學識。並且，她這麼做並不是為了自身得到什麼，而是為了守護敦煌璀璨的文化和藝術遺產，不讓它們被風沙侵蝕，被人為破壞。

「從繪畫到宗教、音樂、舞蹈、書法等，敦煌包含的東西太多了，它是那麼絢爛和寶貴，我作為一個考古工作者，當然要為它做些什麼，一切只是這樣。」樊錦詩說。

心之所向

一年過去了，彭金章沒見著樊錦詩的人影，於是乘坐綠皮火車，千里迢迢趕到大西北來看她。

可是，到了敦煌文物研究所，他一下子就傻眼了。遠遠走來的瘦小身影，他差一點沒能認出來。

樊錦詩的口音倒是變得不多，可輕柔的語言裏不時掉落沉重的沙礫，學生時代那個文靜的江南姑娘已經今非昔比了。朝思暮想的戀人，被大漠的風吹散了城市的味道，幾乎徹底變成了一個敦煌人。

「變土了，哪裏像在北京讀書時候的樣子？」為了掩飾對「小樊」的心疼，「老彭」故意拿她打趣，「小樊」卻不以為意，只是急著拉他一起去看自己工作的地方。戀人住處的簡陋令彭金章感到既驚訝又難過，可當他看到敦煌洞窟的第一眼，他就理解了樊錦詩的選擇。

「太令人震撼了！」彭金章再一次傻眼了。同樣出自北大考古的他，不僅感受到壁畫和雕像的美，而且比一般人更懂得這些洞窟的寶貴。假如無人在此守護，它們會變成什麼樣？

風化侵蝕，倒塌褪色，盜賊劫掠……實際上，第三百零五窟隋代的飛天就已經變色了，它原來也許是白色或肉色，可是裏頭含鉛，經歷了漫長時間的淘洗，如今已經變成灰黑的深色。還有第一百七十二窟盛唐的青綠山水畫，蜿蜒曲折的水波，也變成黑色了。青綠山水是中國山水畫的一種，唐代李思訓和李昭道父子以擅長畫青綠山水著稱。敦煌保存了大量唐代的青綠山水畫，這種唐代青綠山水畫在一般博物館裏是找不到的。

「世界上就一個敦煌，如果沒有了，很多中國古典的文化藝術就見不著了。」「小樊」在「老彭」的耳邊喃喃地說道。

彭金章深以為然，可是，當時他剛剛被分配到武漢大學，學校是不可能答應他離開的。在那個時代，他們倆既要服從上級安排，也要為了自己的人生志向而努力。於是，志趣相同、情深意篤的兩人只好千里鴻雁傳書，遙寄相思。

不僅如此，樊錦詩在所裏的工作也面臨著極大的干擾，但她的想法是那麼單純，就是埋頭於敦煌的考古。

真正的「供養人」

在特殊的年代，敦煌文物研究所雖然也受到波及，但研究工作沒有完全擱淺，而是在緩慢而艱難地進行著。

「文物一點兒沒有被破壞，有幾個原因。第一，中央注意到了這個，下來一個通知：文化遺產要保護。第二個原因，我們研究所裏的人保護敦煌文物的心是一致的！」樊錦詩在接受媒體採訪時談及此事，整個人幾乎站了起來。

的確，要在動盪的歲月裏保護文物不被損壞，可不是一件容易的事。

「敦煌研究院從成立到現在，一直保護著文物。我們常年在這裏工作，那不是『四舊』，是珍貴的文物，世界級的文物啊！當時當然不那麼說，但是大家心裏清楚，這樣好的文物不要保護嗎？」

「全都是泥巴的啊，就像我這樣的，你給我一根棒子，棒一敲不就壞了？壁畫不就毀了嗎？」樊錦詩邊說邊揮動雙手，模擬了那個看起來很簡單的破壞動作。

是的，莫高窟的文物本來就比其他地方的文物更加脆弱，無需什麼雷管炸藥，一根木棒就能令人類文明史上這最燦爛的遺產毀於一旦。假如當時當地有哪怕一個人生出破壞的異心，莫高窟都難逃劫數。

最終，莫高窟的文物在樊錦詩和敦煌全體工作人員的守護下，平安地度過了艱難的歲月。他們守住了文物，也就是守住了自己的心。

「所以這是一致的。」樊錦詩一再重複這句話，她抬起右手，驕傲地豎起拇指。

敦煌石窟壁畫裏有一種類型，叫作「供養人」壁畫。什麼是供養人呢？顧名思義，就是信眾出錢開洞窟，塑像、畫畫來供養神佛。壁畫中除了供養人，還有其家人，甚至衙門裏頭的屬吏，最多的達到一百六十多個，不管嫁出去的女兒還是娶進來的媳婦全畫進去。

供養是為了什麼呢？主要是求福報。祈求佛保佑自己，保佑自己的祖先。壁畫中供養人的形象分為世俗形象和比丘、比丘尼的宗教形象。世俗形象的服飾與宗教人物的服飾差別很明顯，符合當時社會的著裝特點。

比如，第一百三十窟盛唐的〈都督夫人禮佛圖〉，圖中的夫人穿著長長的高腰石榴裙，非常漂亮。

後面打扮得花枝招展的是她女兒，頭上插著花、梳子、簪、釵，身上滿是綾羅綢緞。再後面是伺候她的丫鬟。實際上完全是唐代仕女圖的寫照。

一九五五年，這幅壁畫很多地方脫落，再不復原臨摹，隨著時間推移還會進一步模糊退化。敦煌文物研究所第二任所長段文傑先生做了很多研究比對工作，從相似且保存完好的地方尋找證據，反覆考證，再補全。客觀臨摹、舊色完整臨摹、復原，這是段先生透過無數實踐探索和分析研究，總結出的三種臨摹方法。他完成的〈都督夫人禮佛圖〉復原臨本，是復原臨摹的典範之作。因為歷經滄桑，後來壁畫原畫已經完全看不清楚了，而這個臨本忠於原作，也可以說搶救並保存了這幅唐代的大幅仕女圖。

雖然現在敦煌已經運用數位化技術複製壁畫，但經過畫家仔細觀察、分析研究後臨摹的壁畫臨本，以古典藝術遺產的學習和科學依據為基礎，能夠表現出壁畫原作的精、氣、神。尤其是舊色完整臨摹和復原臨摹方法，都是現代科技不能替代的。

現實中的樊錦詩和一代代的敦煌工作人員，難道不才是真正的供養人嗎？他們不是以金錢供養，而是將一顆顆真心奉獻給敦煌石窟。他們沒有美麗的服飾，只是幾十年如一日，以樸素的信念守護著屬於國家和全人類的寶貝。他們不為自己求福報，他們認為文物的平安無事就是自己最大的福報。他們不會像供養人那樣被濃墨重彩地畫在壁畫裏，卻會被歷史無聲地銘記。

天各一方

敦煌文獻《珠玉抄》中有對中國傳統節日「七夕」的紀錄：「七月七日何謂？看牽

牛織女，女人穿針乞巧。」

三年的約定，一轉眼就到了期限。一九六七年，樊錦詩遵守約定，與彭金章結為夫婦。她面臨一個艱難的選擇：要嘛去武漢和丈夫團聚，要嘛留在敦煌文物研究所，家庭與工作總要有所取捨。可是，這時的樊錦詩已經深深地眷戀著莫高窟，無法離開敦煌了。自此，兩人不得不天各一方，過著兩地分居的生活。

樊錦詩和彭金章之間曾經有過拉鋸式的「談判」。當時彭金章在籌建武漢大學考古學系，有著一片自己的天地，滿心期待樊錦詩回來協助。

樊錦詩不是沒有考慮過回去，可是她怎麼都放不下莫高窟，反問道：「你為什麼不來敦煌？」

那個時候，樊錦詩已經走不了，也不能走了。

人走了，文物誰來保護？

一九六八年元月，樊錦詩突然接到弟弟發來的電報，說父親病故了。意外的打擊如一記重錘從天而降，樊錦詩急忙向研究所請假，買了火車票回到上海。父親去世後，一家人生活沒了著落。

母親病倒了，大弟弟因此失去了工作的機會，只能去挖地道。在上海音樂附中的小弟弟報考音樂學院、成為鋼琴家的夢想也破碎了。

面對這人生中幾乎無法渡過的難關，樊錦詩意識到自己除了冷靜，只能冷靜。她一滴眼淚也沒掉，只把自己工作以來攢下的全部存款兩百多元人民幣交給了弟弟，承諾以後每個月都會匯款給家裏。因為只請了幾天假，她必須盡快趕回敦煌。

在巨大的壓力和悲痛之中，樊錦詩輾轉於敦煌、上海、武漢三地，有再大的悲痛也是自己默默忍受。她不能當著親人和同事的面哭泣，心情低落的時候，唯有一個人走向莫高窟九層樓的方向。戈壁一片蒼茫，風吹響了九層樓的鈴鐸，遠望三危山，彷彿只有她一個人立於天地之間。一個人的時候，她才能盡情地哭泣，哭過之後，她感到心中好受了不少，自己再沒什麼可以被奪走了。

無論是常書鴻先生還是段文傑先生，為了守護敦煌都付出了常人無法承受的慘痛代價，同樣的命運也落在樊錦詩的身上。這樣坎坷的歲月，不是她一個人在承受。或許這就是一種宿命，莫高窟千年的歷史，正是由無數個守護者一生的時光凝聚而成。

就在這多災多難的一年裏，偏偏她和老彭又有了孩子。

一九六八年底，他們的第一個孩子降生了，這是從天而降的喜悅，可是又令這對夫婦的日子難上加難。本來他們相隔兩地，遙遙相望，手頭又有做不完的工作，現在變成三個人，需要考慮的事情就更多了。

臨產前三天，樊錦詩還挺著大肚子在田裏摘棉花。當時的敦煌缺水少電，她原本和彭金章說好，孩子到武漢去生，條件好一點兒。彭金章的母親從河北農村帶著紅棗、小米、雞蛋到了武漢，樊錦詩的母親、姊姊提前準備了很多嬰兒用品，大家只等著樊錦詩回來。

可是，敦煌的工作怎麼做都做不完，臨到孩子出生，樊錦詩還是沒能走開。路途遙遙，彭金章只好挑著行李轉了好幾班火車，等他到達敦煌的時候，孩子已經出生一個星期了，連套像樣的嬰兒衣服都沒有，只能光著屁股。

孩子還沒滿月，樊錦詩就去上班了。沒辦法，敦煌文物研究所的人手那麼少，要做的事又那麼多。敦煌的條件艱苦，甚至還不如農村有鄰居可以幫忙帶孩子。來到敦煌的每一個人都是要工作的，這裏的水和食物都是那麼寶貴，與文物無關的人，哪怕是家屬，也不可能在這裏久住。

時隔多年，記者來採訪時，樊錦詩回憶起那一幕依然揪心，深深地感到對不起大兒子。

「我找不到幫手，孩子只好鎖在宿舍裏，趁著從洞窟裏回來的空檔餵點吃的。好幾次跨進屋門，孩子已從床上掉了下來，鼻涕、眼淚、屎尿，弄得滿身都是。衣服也扯開了，小手小腳被風吹得冰涼，嗓子也哭啞了。情急之下，我不得不用繩子把孩子拴在床上，一直拴了七個月。每次走近家門聽不到孩子的哭聲，我的心就會揪起來：『寶寶會不會被繩子勒著了？』」

她對第二個兒子也是一樣的心情。

一九七三年，夫婦倆是那麼高興擁有了第二個孩子，可是，想到第一個孩子嬰兒時期在敦煌遇到的問題，樊錦詩的工作強度又是有增無減，於是她和彭金章商量，把孩子託付給他遠在河北農村的姊姊照顧。

時光荏苒，他們攜手走過了那段不平靜的歲月。

難陀與孫陀利

二兒子五歲的時候樊錦詩記掛著他，去接他的時候，在門口遇見了一個皮膚黝黑的孩子，那孩子不認得她，只是在門後怯生生地看著她。她急著見二兒子，也沒在意，就這麼大步流星地進了門。

「你都不認識你兒子了嗎？」彭金章的大姊笑了起來。

「什麼？」樊錦詩這才反應過來——原來，門後的那個小孩，就是她的兒子。她沒有認出孩子，孩子也因為太久沒有見到母親，把她給忘了。

「叫媽媽呀，孩子，這是你媽媽，從敦煌來接你了。」大姊抱著孩子的肩膀，再三引導，樊錦詩也向兒子伸出雙手。

過了好一會兒，孩子才小聲地叫道：「媽媽——」但他不敢走得太近，眼睛也像森林裏被驚動的小動物一樣。

樊錦詩的眼淚湧了出來，怎麼也止不住——她虧欠孩子太多了。可是，在風沙日復一日地侵蝕之下，在社會日新月異的變化之中，敦煌洞窟的文物每一天都有消失的可能，她無論如何也放不下敦煌。

「一家人常常分作三處或是四處，武漢、敦煌，孩子要嘛在上海，要嘛在老家，要嘛跟著父親或者母親。為了孩子，為了家庭，我必須離開敦煌和家人生活在一起。而對於敦煌，時間久了，愈發覺得有意思，有許多課題需要我去做，難以割捨。」

樊錦詩就這樣來來回回地在敦煌、家庭和孩子之間奔波、忙碌著，不斷地與彭金章討論著各種解決辦法。時光荏苒，一轉眼又是許多年過去了，她卻始終沒能離開敦煌。

每次探親，孩子們都會充滿期待地問：「媽媽，你這回能待多久？什麼時候能調回來呀？」面對他們天真可愛的面孔，樊錦詩總是難以回答。

敦煌莫高窟第二百五十四窟北壁的〈難陀出家因緣故事畫〉，以講說難陀出家因緣為中心，在左右兩側下角對稱描繪了難陀與妻子孫陀利難以割捨的分別之情。左側畫面，描繪難陀站在家門口，知道此去便是夫妻相別之日，他一手搭在妻子肩頭，一手握著妻子的手臂，戀戀不捨，妻子再三叮嚀：「你出去不要耽擱太久，我額頭上的妝沒乾之前就要回來啊！」言猶在耳，人卻要分離。畫面右側則著力於刻畫妻子孫陀利，她不忍面對這一切，轉過臉去，強忍淚水，不願讓丈夫看到自己的痛苦。

經書中說人生有七種痛苦：生、老、病、死、怨憎會、愛別離、求不得。與自己心愛的人分離是一種莫大的痛苦。

樊錦詩和彭金章就像〈難陀出家因緣故事畫〉裏的難陀與孫陀利一樣，不得不與心愛的人分離，其間的顛沛流離、悲欣交集是沒有經歷過的人無法想像的。這個家庭的所有成員都默默承受了許多，父親、母親和孩子所失去的，或許一生都無法再去彌補。

一切的失去，都是為了留住敦煌。

二十一年後的團聚

這是一場漫長的「持久戰」。

武漢大學曾經三次到敦煌要人，敦煌「禮尚往來」，也三次到武漢大學要人。可是對於雙方來說，樊錦詩與彭金章都是不可或缺的人才，而他們自己也放不下手頭的工作，調動的事情就這麼一拖再拖。

這十來年裏，樊錦詩不是沒有猶豫過——為了留在敦煌，家遠在千里之外，丈夫也見不到，孩子也沒法照顧。但是待在莫高窟這個藝術寶庫的時間愈長，她愈發現有很多事情還沒做。她對石窟的感情愈來愈深，想離開又捨不得，內心很是糾結。

「有時候一想，為了家不如一走了之。畢竟南方的生活更舒適，孩子也可以受到更好的教育。但是這裏的前輩們不希望我走，老人家們做出了榜樣，我們段先生也罷，還有別的先生，他們當時說四川話勸我：『小樊，你別走，大城市有得是人才，我們這地方非常需要你。』大家的奉獻精神感染了我，尤其是這個洞的魅力始終吸引著我，最後到底還是沒走。」

當有記者詢問樊錦詩覺得自己作為一個妻子是否稱職的時候，她說：「都不太稱職，我承認不稱職。肯定是遺憾吧，總覺得對不起他們，這個心情會有的，但是現在慢慢隨著孩子大了，也不會老想。我先生自己和他的家人，為孩子也付出了很多。這個地方沒學校，孩子沒有好的教育肯定不行，但是一直送給別人幫忙帶也不是長久的。」

「如果丈夫不支持，我早就離開了，我並沒有偉大到為了敦煌不要家，不要孩子。如果當時他說你不來武漢我們就拜了，那我肯定跟著他去武漢，但是他沒有這麼說，我就變得愈來愈『放肆』了。」

彭金章也是考古出身，他深知敦煌石窟對國家和人類世界的價值，作為一個學者，他更沒有所謂「男主外，女主內」的偏見，一直默默地支持著妻子的工作。日月如梭，斗轉星移，十多年就這麼過去了。

一九七七年，樊錦詩開始擔任敦煌文物研究所副所長。從擔任這個職務開始，她面臨著一個全新的挑戰——原本是一個埋頭考古的專業人員，現在不僅要懂考古，更要懂得管理。敦煌的擔子更沉重地壓在了她瘦弱的肩膀上。

改革開放之後，敦煌同樣也面臨著新的挑戰。

為了敦煌，為了分擔樊錦詩的壓力，一九八六年，彭金章終於來到敦煌。這一次，他是徹徹底底留了下來。當時由甘肅省委、省政府出面，把已經在武漢大學工作了二十三年的彭金章調到敦煌研究院。

結婚二十年後，樊錦詩和彭金章、孩子終於在敦煌團聚了。而這一年，她也已經歷經世事，從當初那個背著行囊、天真稚氣的少女，變成了四十八歲的中年人。

其實，這件事還是彭金章下的決心。

他本來一直希望樊錦詩可以回到武漢，或者一起去其他的城市，就算是為了孩子的教育，也應該這麼做。但是，他也看出來了，樊錦詩始終不鬆口，就算硬把她拖回城裏，她的心也還是留在敦煌。所以，最終當條件允許的時候，他還是滿足了妻子的心願，從環繞東湖水、坐擁珞珈山的「中國最美麗的大學」，調到了大漠邊緣的小城敦煌，正式成了「敦煌的女婿」。

「我先生真是為了這個家做了很大付出，不僅當時孩子是他帶，後來還調到這兒來，不算大改行，也算小改行，他本來是搞商周考古，而且是搞教學的，到這兒來不搞教學，搞佛教考古了。」

一開始，樊錦詩對彭金章為了來敦煌而放棄武大的事業、改變自己已經做出成績的考古方向，感到非常歉疚。

彭金章原來從事的是商周考古，從武漢調來敦煌後，只能拾起跟自己原來的考古方向完全沒有關係的石窟考古。

與樊錦詩商量之後，彭金章開始主持莫高窟北區遺址的發掘工作。當時，打開的洞窟裏積滿了塵土，人一進洞，眼睛就被塵土瞇住了，喉嚨也被塵土塞住了。發掘完一個洞窟後，彭金章整個成了泥人。

「戴口罩也沒用，一天換幾個，幾個都是黑的。眉毛眼睛上都是灰土，連咳出來的痰都是黑的。」

考古又的確是有趣的工作，文物出土時也充滿了發現的驚喜。但這份工作並不像一般人想像中那麼浪漫，總是和價值連城的寶物為伴。恰恰相反，日常的考古需要非同一般的耐心、細心和毅力，要忍受烈日曝曬、風吹雨淋。付出了大量精力，卻在漫長的時間裏一無所獲也是常有之事。

發掘北區遺址的八年裏，彭金章幾乎用篩子篩遍了北區洞窟裏的每一寸沙土。憑藉扎實的考古專業能力和不畏艱苦的精神，他最終發掘出大批珍貴文物，證實了完整的莫高窟石窟寺院是由南北石窟共同構成的，從而使莫高窟有編號記錄的洞窟從四百九十二個增加至七百三十五個，與唐代石碑記載的「窟內一千餘龕」的數字更加接近。

考古過程中，他們還首次在敦煌地區發現了用於僧人生活起居的「僧房窟」和波斯銀幣，反映出中西交通以及商貿往來活動的情況；出土了十二世紀西夏文佛經、西夏文活字版《諸密咒要語》印刷品等世所罕見的重要文物。

特別是一九八九年，老彭他們發現了回鶻文木活字四十八枚，使得敦煌研究院收藏的回鶻文木活字總數達到五十四枚。要知道，伯希和當年盜走藏經洞文物的時候，也曾經到過莫高窟北區，並從 B181 洞（今第四百六十四窟）攫取回鶻文木活字九百六十八枚，其中九百六十枚現藏於巴黎吉美博物館，其他八枚散藏於東京和紐約。後來俄國人奧登堡也在北區洞窟盜掘回鶻文木活字一百三十枚，現藏於聖彼得堡艾爾米塔什博物館。老彭他們的發現震驚了二十世紀九〇年代的考古界。

一九八八年彭金章開始北區石窟考古工作的時候已經五十多歲了，六十多歲以後完成了《敦煌莫高窟北區石窟》的考古報告，後來又專注於莫高窟南區洞窟內漢密壁畫研究，還擔任《莫高窟北區考古論文集》的主編。

有人對彭金章開玩笑：「老彭，別人家都是女的跟隨男的，你們家怎麼反了呀？」彭金章笑道：「我憑我自己的本事做學問，不好嗎？」

丈夫改變了方向，同樣也在敦煌收穫了了不起的考古成果，樊錦詩從內心深處替他高興。

他們倆都深愛著敦煌，而敦煌終於成了他們共同的家。

推遲一點兒，再推遲一點兒

在樊錦詩站上管理崗位的十年間，隨著中國西部開發的浪潮，敦煌也從一個沒沒無聞的小城，變成了炙手可熱的旅遊名城。莫高窟的遊客數量急劇增長，從一九七九年的一萬人，到一九八四年突破十萬人大關，一九九八年更達到二十萬人的高峰。

也正是在這一年，樊錦詩正式出任敦煌研究院的院長。

有一年夏天，她像往常那樣進入洞窟。「阿嚏，阿嚏——」她一連打了好幾個噴嚏，趕緊出來。原來，洞內瀰漫著遊客身上濃烈的香水味和汗味。

「我們的洞窟受得了嗎？」她首先想到的不是自己不舒服，而是心愛的莫高窟，「人無遠慮，必有近憂，我就是愛思考，這也都是逼出來的，事情在那兒，你得解決吧，不能繞。」

在度過了無數個艱苦的日子之後，如今她所面對的問題是全新的。一方面是美得驚人又脆弱到極點的洞窟，另一方面是源源不斷、懷著好奇之心來到敦煌的遊客。在兩者之間取得平衡，並不是一件容易的事。

洞窟建在沙山上，壁畫繪在泥牆上，塑像是泥胎木製的。時間過去了一千多年，它們還在那兒已然是奇蹟。然而，樊錦詩心裏比誰都清楚，衰老可以延緩，卻終將降臨，這是無法逆轉的自然規律。

「一九〇八年莫高窟被盜，其中那個法國人伯希和，他不是一般的蟊賊，他是一個考古學家，他去了以後拍了好多照片，於是我就翻他拍的照片，一翻嚇一跳，七〇年代的洞窟有的地方已經模糊，有的地方已經退化了，有的地方已經脫落了。所以我們更應該加緊做檔案，那麼加緊做檔案要拍照，但是照片放久了也會變色，這個檔案有用嗎？我們拿出一九〇八年拍攝的莫高窟照片和現在對比，發現一百多年間變化很大。現在的壁畫很模糊，顏色也在逐漸褪去。壁畫和人一樣，不可能永保青春。」

樊錦詩總是在演講中談起莫高窟的病害，痛心不已。她盡可能用通俗易懂的語言，對普羅大眾解釋何謂「起甲」、「空鼓」、「酥鹼」、「山體裂縫」，因為她想讓更多人知道，這座舉世無雙的文化藝術寶庫，遍體都是病痛傷害。

「莫高窟幾乎所有洞窟都不同程度地存在著病害。你明知道它慢慢要退化，你明知道它要老，讓它別老可能嗎？你別老，你別死，不可能。」

無論我們如何伸手挽留，它最終有一天都會消失於這個世界。

幾代人前仆後繼地投身於敦煌，不計代價地向莫高窟奉獻自己的寶貴年華，就是為了將告別的那一天推遲一點兒，再推遲一點兒。

希望它再存在一千年

能不能控制遊客數量？

做實驗，查數據，找到洞窟所能承受的最大限度。這是樊錦詩想出的辦法之一。

然而，統計出來每日允許的參觀人數少得可憐，如果真的這麼做，樊錦詩覺得太對不起遊客了。旅遊旺季的時候，參觀人數每天都在增長——五千，六千，七千，八千，九千，一萬，一萬多，黃金周更不用說。這麼多人來看，對保護石窟不利，但是不讓看也不行。

「不能阻擋觀眾，不能不讓看。人們應該享受到這樣珍貴的、傑出的文化遺產、成果，應該能欣賞它的價值、它的精美，我們如果要限制，這個不講道理。」

控制遊客數量這個第一時間想到的解決方式雖然直接、有效，但還是被她否決了。

從此之後，幾乎每個夜晚，樊錦詩都在思考該怎麼辦。

她認為，參觀莫高窟的人會愈來愈多，這個是可以預期的。洞窟本身是一個庫房，很狹窄，裏面的壁畫也很脆弱。人愈來愈多，一點一點影響到壁畫帶，壁畫退化不知不覺地加速，這樣下去問題很嚴重。

為了保護石窟，不能讓這麼多人進洞，但是又要讓觀眾深入敦煌，瞭解石窟。所以，她和同事們就開始做大量的研究。

隨著社會的發展，電腦技術漸漸普及，終於有一天來到了敦煌。

「那時我就感覺，敦煌石窟有救了！」第一次瞭解到這種技術，樊錦詩心中就萌生了這樣的念頭。

他們想到了另一個好辦法——在洞窟裏安裝傳感器。這麼一來，洞窟彷彿多了一個忠心耿耿的衛士。它會記錄講解員的名字、帶了多少人、幾點進去、幾點出來，會記錄他們在洞裏待了幾分鐘，還會記錄洞窟的溫度、濕度、二氧化碳的數值。數值一旦超標，傳感器就會顯示出黃色，這就做到了對洞窟隨時隨地、無微不至的保護。監測離不開雲端計算、大數據等先進理念和技術。

保護沒有盡頭，研究也沒有盡頭，下一步還有硬骨頭要啃，只有不斷去探索。

「對，我並不是什麼都懂了以後再寫的提案，我是一知半解的時候寫的提案。我們有句話叫『在保護的中間合理地開發，合理利用，在利用中間堅持保護』，這不是一句空話。」

不僅如此，見到電腦之後，六十五歲的樊錦詩忽然有了一個大膽的構想，這個構想在她腦海中愈來愈清晰，一直到真的動手去做。

那就是要為每一個洞窟、每一幅壁畫、每一尊彩塑建立數位檔案，利用數位技術讓敦煌石窟的容顏永遠留在世間。

做好數位檔案，從事研究工作的人員可以拿著這個數位檔案在洞外看，不用進洞。這個數位檔案又進一步啟發了她：能不能讓觀眾也到洞外來看？

樊錦詩就這樣從一個埋頭考古的專家，意外走到了時代的前沿。

數位化很有前途，發展愈來愈快，她認為先進的科學技術既能解決敦煌石窟的保護問題，又能同時滿足敦煌研究者和遊客、觀眾的需要。所以她下定決心要為敦煌石窟做數位檔案，甚至採取更超前的手段，做成球幕。

樊錦詩專門請教了資訊科技專家，專家評估後認為可以。

「當時我是一知半解，其實並不懂這個技術，如果我當時真是懂了電腦，恐怕就會知道做不到了。因為二〇〇三年，多媒體、數字技術都還沒有發展得這麼快速。但是有一條我相信，因為我八〇年代提出以後，到二〇〇三年寫提案，我眼看著這個數字技術發展得愈來愈快，我認為它會滿足我們的需求。」

二〇〇三年，樊錦詩在全國政協十屆一次會議上發表一份提案，建議利用現代數位技術，展示莫高窟的歷史文化背景和精美的洞窟藝術。經過五年探討，二〇〇八年底，投資兩億六千萬元人民幣、莫高窟保護史上規模最大、涉及面最廣的保護工程開始實施。除崖體加固、風沙治理等工程外，還要完成一百四十九個A級洞窟的文物影像拍攝和數據庫建立。

「敦煌最終是要沒有的。什麼時候呢？我希望它還能存在一千年。」樊錦詩平靜的語氣中飽含深情。

千年莫高，夢幻佛宮

第一次見到飛天，樊錦詩就被祂們輕盈曼妙的身姿迷住了。

在多次演講中，樊錦詩都曾為觀眾介紹過敦煌的飛天壁畫。她說一開始西域式的飛天都是較裸露的，但是傳入中原後，受過禮樂教化的人們覺得不雅觀，便給飛天「穿」上了衣服。而西域式的飛天從形象上來看，好似飛得很笨重，但經過中原文化的融合和創造，飛天漸漸變得纖巧苗條，不僅長裙飛舞，還挽著長長的飄帶。樊錦詩說：「祂沒有翅膀，可是你能感覺得到祂在飛，在自由自在地翱翔。」她解釋，這將中國人對美的感覺表達了出來。

初見敦煌時的那份感動，依然如同壁畫刻在石窟裏一般，深深地刻在樊錦詩的心上。她和同事們不忘初心，通過奇思妙想和日復一日的辛苦工作，將這份感動奉獻給一群又一群來到敦煌的人們。在大陸中央電視台的《朗讀者》節目中，她曾談起這個漫長而艱辛的過程：「做著做著十年了吧，到了八〇年代末到北京出差，有個人知道我在關注這個科技保護，說我帶你去看電腦，圖像只要變成數位，它就永遠不變了。那我說我們的莫高窟這壁畫能不能拿來試一試啊，可是我們試了半天呢，效果又不滿意。又過了十年，等到九〇年代末，我們已經跟國外合作，就在洞窟裏鋪軌道。〈五台山〉圖十三公尺多長，三公尺多高，四十多平方公尺，要用六千多張這樣的照片拼接出來，一點兒都不能變形。」

終於，在樊錦詩的推動和同事們的努力下，二〇一四年八月，包括遊客接待大廳、數位影院、球幕影院在內的數位展示中心開始使用。

遊客一波波如潮水般湧來，每到寒暑假還有許許多多的孩子來到敦煌遊學，學習古代文化。不過洞窟無須再承擔那麼大的壓力，一切都變得有序可控；先看電影瞭解，再實地體驗感受洞窟的辦法，不僅優化遊客的參觀體驗，更避免他們「糊里糊塗來，糊里糊塗去」的尷尬。

現在遊客到莫高窟旅遊，可以先到數位展示中心看《千年莫高》和《夢幻佛宮》兩部電影，有了初步瞭解後再進洞適度參觀。這對壁畫保護和遊客參觀都有好處。有了數位展示中心後，莫高窟單日遊客的最高承載量由三千人次增加到六千人次。

二〇一六年四月，「數字敦煌」上線，三十個經典洞窟的高畫質數位化內容向全球發佈。網站還有全景漫遊體驗服務，輕點滑鼠，鏡頭就會跟著游標移動，遊客在電腦前，就如同在石窟中遊覽一般。網友還可以通過全像攝影技術看到石窟的全景。

樊錦詩說：「一九八七年，聯合國教科文組織世界遺產委員會曾這樣評價莫高窟：符合世界文化遺產全部六條標準，但脆弱的壁畫需要特殊保護。我們應該向人民群眾弘揚優秀的傳統文化，老百姓真看明白了，也會自覺來保護，支持我們來保護。」

絕不當「王道士」

談到敦煌壁畫的修復進展，樊錦詩用通俗的語言解釋道：「好比一個老太太住院兩個月，前幾天出院了，過兩天她又住院了，你說她好了沒？壁畫就是這樣，任何時候都在變化，它不斷有問題，就得不停地修。莫高窟的壁畫約有四萬五千平方公尺，我們會抓緊做好這些壁畫的數字檔案，盡快做，盡量做。現在已完成了近五分之一，有近百個洞窟做到了數字化。」

樊錦詩曾經立下一個樸素的誓願——保護文物絕不當「王道士」。

一九〇〇年發現藏經洞時，清帝國大廈將傾，官員腐敗無能，人心惶惶。雖然當時清政府確實下過一個命令，讓地方政府把藏經洞文物就地檢點封存，可是不但沒有官員管，還有人為國外的所謂考古學家提供了很多方便。

王道士談不上是賣國賊，也曾為文物奔走，可是他不完全瞭解藏經洞的價值，更沒有能力去保護敦煌文物。英國人斯坦因連哄帶騙，給了他區區二百兩銀子，就盜走了幾千件文物。

樊錦詩說：「藏經洞的經書，有人說有五萬多卷，也有人說四萬多卷。如果把從經卷上揭下來的也算一卷，那就愈算愈多了。現在敦煌研究院保存稍微完整一點兒的，充其量只剩下三百多卷。其他都是碎塊，但是碎塊也不能小看，說不定拼接後也能有新發現。今時今日，我們絕不能當『王道士』。」

她認為自己如果不當院長，充其量也就是一介書生，但既然當了院長，就不能只是埋頭業務，還要學習法律、管理等，注意文物保護規範。「數字敦煌」的成果出來後，立刻進行了著作權登記。

原來，王道士與斯坦因、伯希和等人是在舊日嚴重不平等的情況下相遇，這才造成了文物的損壞和流失。如今新時代到來，中國經濟和文化事業飛速發展，敦煌研究院平時跟境外交流很多。

「保護與對外交流並不矛盾。人家的保護技術、理念、水準都很高，與他們合作能快速進步。比如遊客承載量研究、數位敦煌研究等，都在跟境外合作。但合作歸合作，涉及文物保護必須嚴格遵守法規。」樊錦詩把這個問題想得通透。

「世界文化遺產保護有一條最高準則：完整的、真實的、可持續的保護。我們這一代人看到的文化遺產，是祖先一代代人保護下來的。到了我們這一代，絕對沒有權力把它吃光用光。就像自然資源一樣，你把礦都挖完了，下一代該怎麼辦？」

保護了敦煌，也就保護了中國源遠流長的歷史和文化。這並非一朝一夕的事，歷經一千五百年的時空疊加，樊錦詩與其他保護者並肩而行，於沙漠中留下石窟不滅的光與影。

敦煌的春天

有人問過樊錦詩：「敦煌有霧霾嗎？」

樊錦詩清晰地回答：「敦煌沒有霧霾。敦煌有藍天綠樹，有鳥，有駱駝，有星星，有月亮。到了晚上，看得特別清楚。」

春天來了，吹向臉頰的風變得溫柔，「遙看近卻無」的綠色也爬上了敦煌的草尖樹頭，銀山四面，月牙泉的一泓清水宛若夢幻。多少次，樊錦詩為了敦煌而奔波，從繁華都市回到大漠深處，聽到九層樓的鐵馬風鈴叮噹作響時，總是有一種回到家的安心感。

「這裏多好啊，又安靜又廣闊！」

說起敦煌，她的話語裏有一種自家人的驕傲。

絲綢之路上的春天，每一年都如約而至，卻又在斗轉星移、季節更替中為風沙所掩埋。駝隊來了又去了，這裏曾是鼎盛一時的重鎮，也曾在明代封閉嘉峪關後落到幾乎無人管理的境地。

一九七九年之後，敦煌終於迎來了不一樣的春天。

「沒有改革開放，就沒有敦煌事業的今天。」

二〇一八年十二月十八日，在北京人民大會堂召開的慶祝改革開放四十周年大會上，樊錦詩被授予「改革先鋒」稱號。樊錦詩並沒有為了會議而置辦華服，還是和剛到敦煌時一樣樸素。參加慶祝大會，她依然穿著舊的紫紅色毛衣，那件毛衣跟著樊錦詩去了很多地方。

姊姊從電視裏看到，比她還高興：「前些年我給你織的這件毛衣，都進人民大會堂啦！」

當政府高層集體站起轉身，向獲得「改革先鋒」稱號的受表彰人員鼓掌祝賀時，樊錦詩一時之間百感交集——這些年，她和同事們真的為敦煌做了許多事。

「國家把你培養出來，你怎麼報國？就是要去做實際的工作。儘管我老了，但能為敦煌做些事，還是要做的。五十五年了，我愛敦煌，離不開敦煌，國家的需要，就是我努力的方向。」

她是這麼說的，也是這麼做的。因為改革開放，這些年，她在敦煌打破了一些陳舊的套路，做了許多創新。

樊錦詩帶領全體敦煌人，率先展開文物保護專項法規和保護規劃建設。先是有《甘肅敦煌莫高窟保護條例》為莫高窟劃好了保護範圍，然後有《敦煌莫高窟保護總體規劃（二〇〇六—二〇二五）》，為敦煌石窟的保護、研究、弘揚事業提供了強有力的保障。

從二十世紀八〇年代起，敦煌研究院還在中國文物界開國際合作先河。樊錦詩承認，最初是看中對方的資金和技術，但真的合作起來後，發現可以合作的範圍很大，能夠更完善地保護敦煌這片聖地。

但有一點，是她始終堅持的——不管是哪個方面的合作，必須「以我為主，為我所用，互利共贏」。

生活愈來愈好，遊客愈來愈多，從改革開放初期的零星遊客到如今遊客年接待量過百萬，再這麼下去，洞窟那麼小的空間，濕度溫度升了降，降了升，塑像壁畫會脫落，看壞了怎麼辦？

所以最關鍵的是洞窟不能壞，再就是怎麼叫觀眾滿意。得想辦法，於是就有了「數字敦煌」，有效解決了保護與開放之間的難題。

「最初也有不少爭議，過了幾年，大家又說我有遠見，我不認為自己多有遠見。問題在那兒，沒有任何退路，到底怎麼去解決？要想辦法。每個人把該做的做好，每個單位把該做的做好，這個國家就好了。」樊錦詩依然保持著唸書時的耿直脾氣，說得那麼直接，那麼有力。

我就是這個「調」

樊錦詩特別重視「人」，強調「人」的作用。「事得人幹，得有人啊！我們為培養人，錢花『海』啦！但還是堅持培養。這麼多年，引進培養，事業留人，感情留人，敦煌研究院擁有的高學歷、高層次人才居全國同類單位前列。但還是遠遠不夠，『六〇後』『七〇後』『八〇後』……不能斷檔。人都是想做點事的，所以有了人，還要用好。再就是敦煌這地方，條件比不上大城市，你不能只跟人家談奉獻。」

為了留人，樊錦詩想了很多辦法，也得到了國家的支持。

她知道大家辛苦，為了石窟守在敦煌不容易，常常請大家吃飯。有個職工的孩子生病，想借公款，可那是有規定的，公款不能這麼用。樊錦詩想，孩子是一個家的希望呀，這個家安置妥了，人家才能安心做事，於是就跟他說：「我自己給你拿點，你省著點花。」孩子病好了，見了她「樊奶奶、樊奶奶」地叫，她這才放下心來。

樊錦詩對工作人員關心，輪到自己卻「摳」得很。部門在蘭州也分了房子給她，她跟老彭一商量，反正他們倆多半都守在石窟這邊，在蘭州住得少，還不如給年輕人。後來就真的讓給年輕人了，去蘭州辦事就住招待所，她還覺得挺方便。

她還經常說：「講解員的素質決定著遺產價值的展示，要常講常新，要把學到的知識融會貫通之後，再給遊客講出來……講解員們應該多出去學習，講敦煌，怎麼能不知道龍門石窟、雲岡石窟？」這幾十年來，敦煌研究院先後委託國內外機構和各大院校對解說員進行專業培訓，參加人員達到三百八十多位，每年冬天還安排近四十人到全國的石窟線考察學習。仰仗研究院得天獨厚的學術平台優勢，並組織長期堅守敦煌、潛心研究石窟的專家學者們為講說員專業輔導近三百場次，讓他們即時共享最前沿、最新的學術成果，幫助他們快速提升專業能力。今天，這支弘揚優秀傳統文化的隊伍已經培養出能用漢語、日語、英語、法語、德語、韓語等六種語言講解莫高窟的優秀人才。

長期的「引智育才」使敦煌石窟的保護研究逐步與國際接軌，敦煌石窟的保護工作也被推上新境界。

有了政策支持，有了國際合作，有了人，但敦煌的事情還是要一步一個腳印地去做，不能投機取巧。

在考古方面，樊錦詩用了二十年時間去做《莫高窟第二百六十六～二百七十五窟考古報告》，報告出來後獲了不少獎項。國學大師饒宗頤評價它「既真且確，精緻絕倫，敦煌學又進一境」。樊錦詩說：「這些基礎的事一定要耐心去做，如果人人都想略過這一步，只想在別人基礎上出研究成果，那這些事誰去做呢？總得有人下『笨』功夫。」日積月累地下「笨」功夫，抓細節管理，才是真正的敦煌精神。

「我也有點年紀了，沒有必要去表演，沒有必要沽名釣譽。你比如說我撿菸頭，如果要作秀的話，我當著他們的面撿，可我就是吃完飯散步時撿。之前給他們說過，可我覺得他們不是太在乎。我想你們不在乎，那我撿嘛！也沒想要給誰看，結果有一次他們看見了。」

樊錦詩笑稱自己是個「廁所院長」。為了維持莫高窟的廁所清潔，她曾經把工作人員都叫來，打算刷給他們看。大家說：「哎呀，樊院長！你這就過分了，這是我們幹的。」

樊錦詩說：「那你們來呀，我說了廁所必須沒味，地上沒菸頭。你們沒做到，那我來刷。你不能讓大家說，莫高窟的洞窟是不錯，可廁所髒，地上都是菸頭，那不行。他們老說怕我，我說你怕我啥，我這人心腸又不壞。我就是認真，你不認真，我就要批評你。」

改革開放為敦煌送來了春天，但也帶來了新的問題。

敦煌莫高窟保護利用工程是莫高窟史上規模最大的綜合性保護工程，那麼大的工程會不會招來腐敗？

樊錦詩就曾提建議：「得把從我開始的每一個人監督起來。」得標的施工方興高采烈來找她，樊錦詩卻潑冷水。「你別太高興，我要和你約法三章，你也別打聽院裏有幾個負責人，誰管事。我和你之間，只有品質和進度。」還嚇唬他，「你別看我個子小，我破壞力很強的。以前有個單位和我們合作，他們把活兒幹壞了，現在都沒人和他們合作。你們幹得好，我給你們宣傳；你們幹得不好，我也到處給你們說去。」後來施工方因為這個工程獲了獎，很多單位要和他們合作，他們非常高興。

曾有部門提議將莫高窟和某旅遊公司包裝上市，透過現代資本運作提升其旅遊價值。「這不是要把那些洞窟給賣了嗎？」樊錦詩多方奔走，終於抵制了該計畫。敦煌研究院要建辦公大樓，她告誡建築設計師：「別想著房子能突出你的風格，只有莫高窟，沒有你自己！」

敦煌研究院的同事說，樊錦詩也會批評人，發火的次數也不少，但都是對事不對人。比如數位化敦煌的片子在試片時，來了很多專家，樊錦詩也寄予了厚望。但沒想到播放的效果不理想，菩薩的比例失調了，顏色也有點失真，她生氣地把手裏的筆都扔了，說：「怎麼會這樣！」

大家以為她這麼生氣，可能這件事會擱置一段時間了。沒想到她很快就振作起來，聯繫中外合作，探索新的辦法，運用測繪學與遙測技術，將莫高窟的外形、洞內雕塑等一切文化遺跡以公釐的精確度在電腦裏模擬。她花了十多年的時間和心血做遊客調查、參觀預約，以超乎想像的毅力在七十多歲時完成了數位展示中心的建設。

上海世博會剛剛結束，她就讓數字展示中心的李萍主任帶著團隊去取經。他們整整十五天駐紮在世博場館，從怎樣打掃廁所，到如何運營管理，沒日沒夜地認真學習。回來後，先從清理腳下的各種建築垃圾開始，直到設備進場，他們前後進行了七次大掃除，清除了十幾噸的建築垃圾，打掃了一萬多平方公尺的場館用地，做了九次大清潔，硬是把這塊難啃的硬骨頭給啃了下來。

開館試運營的當天，進館前，樊錦詩特意交代嘉賓：「這個場館建設得太不容易，我們把腳上的土好好蹭一蹭吧。」

今天我們都能看到的「數字敦煌」，背後是樊錦詩和無數莫高窟人的汗水與心血。談到敦煌，樊錦詩總是滔滔不絕。談到自己，幹練的她卻一下子謙虛起來。

「他們說我低調，我不是低調，但我也不唱高調，我就是這個調。得了獎，到處被記者『圍追堵截』，可我知道，這榮譽不是給我一個人的，獎章還是和以往一樣，留給敦煌研究院。沒有敦煌，別人不知道我是誰，所以不要太把自己當回事，要把事情當回事。只要我還在，慢慢加一點兒，再加一點兒，總能做點事。」

從少女時代開始，她就一直把錢當作身外之物，有基本衣物，有簡單食物，足夠。這些年獲了一些獎，如果有獎金，她就捐給敦煌石窟保護研究基金，每年再拿一萬元人民幣捐出來，二十多年了。

一直到五年前去北京開會，樊錦詩都是住在景山的地下室招待所，那裏的條件艱苦，還要用古老的鐵皮壺打熱水。她說：「我住這裏，其他人就不好意思住高級的地方了。」這樣，院裏省下來的每一分錢，都可以為敦煌石窟所用。因此每次有會議前，景山地下室招待所的老闆都會打電話來問樊錦詩還去不去住。他說：「樊先生是在我們這裏住過的級別最高的名人。」

敦煌研究院副院長程亮說：「二〇〇五年八月，樊院長動了膽囊切除手術，院裏不放心，讓我陪她去北京開會。飛機票都買好了，樊院長卻堅持一個人去，說如果程亮也去，那就讓程亮去，她就不去了。最後樊院長一個人去了，還提著兩大箱沉重的書，下飛機後扯到了傷口。起初大家都不理解，後來才懂得了她的良苦用心——她長期以來一直堅持盡量一個人出差，就是為了給院裏多省錢，多辦事。後來，我們也都按樊院長的習慣辦事，一個人出差，都是帶著飽滿的工作任務。」

二〇〇五年六月，程亮擔任辦公室主任和樊錦詩的祕書，走得近了，才知道樊錦詩是如何嚴於律己。每天八點上班，她七點半就到了，中午不休息，六點下班吃完飯，又繼續工作到晚上十點以後，甚至是凌晨一兩點鐘。她總是說，手要勤，腿要勤，嘴要緊，要學會開夜車，而且自己也是這樣做的。

樊錦詩雖然是南方人，但在敦煌久了，個性像西北人一樣耿直。有時聽到程亮接電話與別人寒暄、客套，總是說他浪費時間，有事說事就行了。

他漸漸適應了樊錦詩的作息習慣。有一次，他帶了一斤驢肉鍋盔來加班，樊錦詩問，這是要吃幾天的？他不好意思地說，其實當晚就要吃完，不然撐不住啊。

程亮的孩子在二〇〇七年十一月出生，雖然他在莫高窟住的地方距離家就兩百公尺，卻忙得很少能見到孩子。孩子見到樊錦詩總是問她：「樊奶奶，我爸爸去哪兒了？」

「其實，樊先生比我們更累，有時候我們在寫資料，她坐在那裏都要睡著了。可她不是為了自己，全是為了敦煌，憑著一股精氣神在撐著。」程亮感慨地說道。

樊錦詩在會上說：「敦煌事業『芝麻開花節節高』，是改革開放帶來的。可以說，沒有改革開放，就沒有敦煌事業的今天，也沒有我國文物事業的今天。我們是做了一些事，但這些事都是應該做的。路還長，任務重，關鍵是以後要做得更好。」

「白髮逐梳落，朱顏辭鏡去。」可是，與白居易的詩不同，樊錦詩送走了青春，送走了丈夫，她的「少年心」卻沒有「銷磨落何處」。

她依然如當初一樣，執著地守護著敦煌。那看了五十年的洞窟，她不覺得厭倦，只怕它老去，萬般地捨不得，放不下。

禪定佛的微笑

一九六三年來到敦煌時，樊錦詩就被第二百五十九窟的禪定佛迷住了。第二百五十九窟是莫高窟早期洞窟的代表之一，與所謂「早期三窟」——即莫高窟時代最早的第二百六十八窟、第二百七十二窟、第二百七十五窟相距不遠。洞窟的建築形式，前部繼承的是中國傳統的仿木結構人字披形，後部為從西域傳來的中心塔柱。

這尊北魏時期的禪定佛是公元四百多年的作品，距離今天已有一千五百多年的歷史，但祂的臉上依然浮現謎一般的微笑，只是年深日久。當時莫高窟正在對這個洞窟進行修繕。

咦，這禪定佛在笑什麼呢？

年輕的樊錦詩急忙爬上去湊近看，卻覺得祂笑得一點都不好看。其實，這恰恰是因為靠得太近了。等她再下來站著觀望時，這才發現真是好看。

「因為我在下頭，他在上頭嘛。」她明白了雕塑藝術的祕密。

這尊禪定佛高〇．九二公尺，挺胸收腹，體態端莊，雙腿盤起，雙手在腹前重疊作禪定印。佛像眉毛彎彎，微微睜開的雙眼朝下注視，鼻翼柔和地隆起，嘴角輕翹，雙唇彎如半月，還有兩個深深下陷的小窩。他的微笑恬靜而隱祕，似乎已經大徹大悟，那是一種發自靈魂深處的會心微笑。

樊錦詩後來在演講中曾經說過，莫高窟禪定佛微笑的時間大約是公元五世紀，比達文西的〈蒙娜麗莎的微笑〉還要早。不僅如此，禪定佛的微笑與〈蒙娜麗莎的微笑〉很是不同。希臘羅馬的藝術中哪塊骨頭、哪塊肌肉都符合解剖學、科學原理，可中國古代藝術卻講究「六法」，構圖，色彩，線條……最好的藝術是有神韻的，禪定佛的微笑就是這樣，以形寫神，形神皆備。

事隔多年，樊錦詩為敦煌默默奉獻了一輩子。嘗盡了世上冷暖，看盡了人間百態之後，她對禪定佛的理解也更深了。

樊錦詩認為，禪定佛是在思考。他的修行需要思考。所謂禪定，不是坐在那兒睡著了，而是要思考佛理教義。他的笑，不僅在於眼睛、嘴巴，連鼻子、肌肉、眉毛都在笑。他不是哈哈大笑，而是微笑，就像是一個學生做一道難題，三天都解不出來，突然解出來時的那種高興。他頓悟了佛理，所以發自內心地感到喜悅。

樊錦詩與同人齊心協力，解決了莫高窟保護的難題時，臉上也會浮現出這樣富有神韻的微笑吧。

有許許多多的前行者與後來者，和樊錦詩一起，並肩守護著敦煌。這裏是漢人深入西北腹地，眺望歐亞之處，曾有匈奴、鮮卑、柔然、突厥、回紇、吐蕃、契丹、党項、蒙古、瓦剌的將士鐵騎奔馳而過，亦有安息、波斯、貴霜、大食、天竺的駱駝商隊蜿蜒而行，高僧九死一生西行求法，大儒寄懷尺牘皓首窮經，更有無數平凡人於黃沙大風、蟲蟻鳥獸、世俗冷暖中默默供養奉獻，才成就了這洋洋大觀的文化聖地。

一生所愛，一世守護

敦者，大也。煌者，盛也。

敦煌者，中國學術之傷心史也。

近代以來，敦煌文物和經卷的流失令人扼腕歎息，心痛不已。

「你對它有深深的愛，就會想盡一切辦法保護它。」樊錦詩說起敦煌的保護，不願意多談自己。

滬劇《敦煌女兒》講的是樊錦詩的故事，創作者茅善玉說，對於把個人經歷搬上舞台，樊錦詩最初是拒絕的。「樊先生非常低調，她一直跟我說她身上沒有那麼有戲劇性的故事，後來講到要展現一代代敦煌人的『敦煌精神』，先生才鬆口同意。」

不論接受誰的採訪，她總是更常提起前輩們，說他們為什麼來到敦煌，又說他們為什麼留在敦煌，守著莫高窟不離開——

「我來的時候，研究所已經擴大到四十餘人。常書鴻和段文傑這些老一輩敦煌守護者，在那麼艱苦的環境下都能堅持下來。他們的精神深深地感染著我。」

這是個遠離塵囂的地方，很多人來了又去，樊錦詩卻留了下來。幽深的洞窟裏，也不知是晴天還是陰天，看不見日光與月光，面對沉默的雕塑、壁畫與經卷，她親眼看著前輩們在昏暗的燈光下一筆一筆地描繪勾勒，在難言的孤獨中一頁一頁地查閱記錄……

樊錦詩談起敦煌研究院第一任院長常書鴻先生，充滿了敬佩。

常先生早年留學法國學油畫，學業已經卓有成就，他本來完全可以在那浮華之地過著優越的生活，不必回到飽受風霜的中國，更不必來這個寂寥到只聽見風聲、雨聲和駝鈴聲的西北小城。

可是，如同傳奇故事一般，常先生在巴黎塞納河畔一個舊書攤上，偶然看到一本名為《敦煌圖錄》的畫冊。這本畫冊令常先生驚奇萬分——在中國遙遠的大漠邊陲，竟然有這麼一個令國外研究者無比神往的藝術聖地，可作為中國人的自己竟渾然不知，他的內心感到了劇烈的震動。

只此一眼，常先生就與敦煌結下了相守一生的緣份。為了與敦煌時刻相伴，他放棄了優越的生活條件和工作環境，毅然回到中國，從此致力於敦煌藝術的保護研究工作。幾十年的艱苦生活把他從一個翩翩公子變成了樊錦詩實習時所見到的頭戴草帽的農民模樣。他經歷了妻離子散、家破人亡的種種不幸和打擊，克服了常人難以想像的困難，但他仍然義無反顧，守護著一生最愛的莫高窟。

常先生剛到敦煌時，莫高窟已荒廢多年，連門都沒有，人們可以隨意進出。孫儒僩先生曾經回憶過一九四八年他在敦煌浴佛節（農曆四月初八）廟會上的所見所聞：樹林中牛馬和騾子橫行，破敗的洞窟裏扯起了高亢的秦腔，敦煌的地主、商人、農民傾城而出，人群熙熙攘攘，隨意地進出洞窟禮佛。他們在已經斷臂、斷頭的佛像前合掌，祈禱平安與健康，訴說自己心中的願望，在滿是壁畫的牆壁上倚靠歇息，甚至抽起旱煙。工作人員前來勸阻時，不時發生爭吵。

當時的莫高窟沒有今天的窟門守護，更沒有鑰匙。孫儒僩和敦煌藝術研究所的同事們，一方面在洞窟之間來回巡視，靠著人力嚴防死守，另一方面，一遍又一遍地強調幾年前就貼出的佈告，不厭其煩地向村民們宣傳文物保護的注意事項，期望文物保護意識能夠深入人心。即使如此，禮佛的人們被請出洞窟時，還是情緒激動，無法理解。

很多人都認為，敦煌藝術研究所的工作與藝術、文化相關，必然是充滿詩意、無比浪漫的。其實，當時的研究所工作人員每天必須進行艱苦的工作，首先是清除數百年來堆積在三百多個洞窟之中的積沙。雖然艱苦，卻不能不做。在常書鴻先生的帶領下，工作人員拆除了洞窟裏俄國人搭建的土炕、土灶，還透過募款為一些重要的洞窟安裝了窟門，修建了長達一千餘公尺的圍牆，阻擋破壞和偷盜。

在樊錦詩的回憶中，常先生組織大家修復和臨摹壁畫，為壁畫精品的留存嘔心瀝血，又搜集整理文物，撰寫論文，使得敦煌的學術價值呈現於世界，並多次舉辦大型展覽，出版畫冊，不僅向研究者，也向大眾介紹敦煌藝術，為保護和研究莫高窟做出了卓越的貢獻。

幾乎每一個敦煌工作者來到此地，都是命運之手的安排。樊錦詩的前任、敦煌研究院第二任院長段文傑先生和常書鴻先生一樣，從重慶藝專畢業時，就因為看到了張大千先生臨摹的莫高窟壁畫作品，便如著了魔一般來到敦煌，一轉眼已是六十多年過去。樊錦詩初見段先生時，他穿著一件工作服，上面都是點點顏色。樊錦詩問他：「您臉上怎麼都是點點？」段先生說：「這不是《九色鹿》故事裏都是點點嗎！」

他同樣為敦煌殫精竭慮，以畢生心血和精力守護這沙漠裏的童話世界，最後將自己的生命留在這裏。即使如此，段文傑先生總是覺得自己做得不夠。在一九八〇年八月他給漫畫大師畢克官的信件末尾還是寫著：「總而言之，我們的工作很差……今後還必須埋頭苦幹，補過去之不足。」

除了常先生和段先生，還有那麼多人受到敦煌的召喚，在這裏奉獻了自己的歲月——常先生的女兒常沙娜，段先生的妻子龍友惠，史葦湘、歐陽琳夫婦，孫儒僴、李其瓊夫婦，大國工匠李雲鶴、李貞伯、萬庚育、侯黎明、婁婕……甚至還有外國人。

一九五八年，常書鴻先生攜敦煌臨摹壁畫出訪日本東京，日本著名畫家平山郁夫先生在觀看壁畫後，敏銳地發現了日本文化與敦煌之間的淵源，與敦煌結下了不解之緣。作為廣島原子彈爆炸後的倖存者，平山先生一生奉行和平主義，立志以繪畫和藝術之美喚醒人類的良知，倡導文化交流。一九七九年訪華，平山先生認為莫高窟第二百二十窟前壁門上方的說法圖和日本法隆寺的觀音壁畫極為相似。雖然相隔四千多公里，但「兩幅壁畫的觀音像從畫風到肌膚的顏色、線條、花紋、瓔珞的顏色完全一樣」。經他考證，原來這兩幅壁畫應為唐朝長安畫坊同一底稿所畫，一幅輾轉來到莫高窟，另一幅則被遣唐使送往奈良。平山先生以唐僧玄奘大師為人生楷模，沿著絲綢之路尋找文化之源，不僅創作了〈佛教傳來〉這樣的傑作，而且成了敦煌石窟的新供養人，為它積極奔走，敦促日本政府無償援助十億日元建設敦煌石窟文物保護研究陳列中心。又在一九八九年將舉辦個人畫展的全部收入兩億日元捐贈給敦煌研究院，設立「平山郁夫敦煌學術基金」，用以資助敦煌石窟的保護研究。

大風陣陣吹來，沙子瞇了人的眼睛。風吹過黨河，吹過三危山的沙丘，也吹過那沙丘旁墓碑上的名字。風停了，我們才能看清那些名字……

「苦都讓老先生們吃了，他們中的絕大多數人都走了，我們不該忘記這些人，他們就是敦煌的保護神。待了一年一年又一年，這麼待著，被老一輩感染，我就慢慢理解了，他們待下來是為了敦煌，我是不是也應該給敦煌做一點兒事？」樊錦詩說，「是那個單純的時代環境造就了我們這一群人，不單單是我，我們那代人都這樣。」

西北荒漠，向來是古代的流放之地。有人開玩笑說，來敦煌工作就是被判了「無期徒刑」。

她笑著說：「我沒有認為自己是被判了無期徒刑，選擇這個職業，我感到很幸福。一個人一生做好一件事，已經很不容易了，我覺得自己做得太少。常書鴻先生在有生之年，用大把的心血和年華來為敦煌做事。我不知道自己有沒有常先生那樣幸運，能在九十歲時還繼續搞自己熱愛的事業。況且，以歷史的眼光看，九十年也僅僅是九十年，太快、太短了。」

的確，與敦煌的千年歷史相比，人的一生是那麼短暫。一個人就算一輩子守護敦煌，最多也只是百年而已。以有限的血肉去守護無限的歷史與時間，如同螳臂當車。然而，在敦煌研究院的一面牆上，卻寫著這樣一句話：歷史是脆弱的，因為她被寫在了紙上，畫在了牆上；歷史又是堅強的，因為總有一批人願意守護歷史的真實，希望她永不磨滅。

敦煌壁畫中現存六幅〈玄奘取經圖〉，都繪製在甘肅瓜州境內西夏時代的洞窟裏，比明代吳承恩的《西遊記》早三百年。榆林窟第二窟和第二十九窟各有一幅，榆林窟第三窟有兩幅，東千佛洞第二窟有兩幅。其中保存較好，具有代表性的是榆林窟第二窟、第三窟和東千佛洞第二窟的幾幅。

這六幅壁畫都有一個共同的特點：畫面中的人物都只有身披袈裟的玄奘，形貌似猴、披散頭髮的「孫悟空」手牽白馬。有人猜測，「悟空」其實是「胡僧」的諧音，也就是玄奘法師親自授戒的胡人弟子石槃陀。

取經圖的畫面雖然各有區別，但要不就是繪在水月觀音旁，要不就是繪在激流滾滾的河邊，這很可能象徵性地表現了玄奘孤征二十載、西行取經求法的歷程，山高水遠，歷經艱辛，九死一生。

常書鴻、段文傑、樊錦詩……這一個個以血肉之軀守護敦煌的名字，必將與時間另一頭的取經人一樣，被深深地銘刻在敦煌的歷史上，繪入絲綢之路的畫卷裏，風吹不走，雨打不去。

二〇一三年，樊錦詩作為中國勞模代表赴北京參加「用辛勤勞動托起中國夢——二〇一三年慶祝『五一』國際勞動節活動」。在座談會上，她說：「我是代表敦煌研究院全體職工到北京參會的。敦煌研究院取得的成績，是幾代莫高窟人艱苦奮鬥，勇於創新，淡泊名利，甘於奉獻，通過腳踏實地的辛勤勞動實現的。讓莫高窟這顆古老的中華民族文化明珠永放光彩，是幾代敦煌人夢寐以求的，也是實現中國夢的重要內容。」

未來在你手中

老一輩敦煌人奉獻了自己，也奉獻了孩子。敦煌數字展示中心主任李萍談起這些往事，不禁潸然淚下。

「我是敦煌本地居民，小時候和敦煌研究院的孩子一起玩。他們很多是住在山下的辦事處，一周才能上山見一次父母。當時敦煌本地沒有像樣的學校，教學品質也比較落後，這些孩子很多都被耽誤了，很少考上大學。一九八五年，我到武大去看望彭金章先生，他帶著孩子，在筒子樓裏親自下熱乾麵。他與樊錦詩先生兩地分居十九年，生活真的非常不易。他們的兩個兒子現在都在外地工作。」

一九九〇年五月一日，受敦煌研究院推薦，在日本刻苦求學整整兩年後，李萍回到了敦煌。

「每當大家問起我為什麼選擇回國時，我眼前浮現的是段院長為了成就我們的『大學夢』，犧牲很多寶貴的休息時間，奔忙在各個學校的身影；耳畔響起的是他坐在學生宿舍下鋪的乾床板上語重心長地對我們說『你們是敦煌的孩子，要好好學習，要回來』的話語。是啊，我是敦煌的孩子，如果沒有敦煌研究院搭建的這個學習平台，沒有段院長、樊院長等一批德高望重、學識淵博的大家的培養和教誨，我們哪有機會走出國門？是他們的精神在引領和感召著我回來，這裏有我敬重與感恩的人，有我的初心和使命，有值得我付出的事業！」

考古學家賀世哲老師曾說過，如果哪位翻譯能把《涅槃與彌勒的圖像學》、《犍陀羅藝術尋蹤》翻譯出來，那將是一件功德無量的事。李萍這個解說員出身的翻譯，在四十歲的時候硬是將這兩部近百萬字的日語學術著作翻譯了出來，二〇〇八年時還自豪地成了奧運會的火炬手。

李萍說，現在的敦煌人也是一門心思在工作上，尤其是一線的解說員，沒有周休二日可言，黃金周或有超大客流時都要值班。所以事假不能超過兩天，大家得排著隊請假。有一些當了母親的解說員請不到假時，真的很難同時兼顧工作與家庭，不少人只好把孩子完全交給父母，一線部門流著眼淚請假的事情常常發生。

有一年「五一」，李萍的女兒生病，但她還在莫高窟下不來。到了晚上終於下山，跑到兒科找孩子。大夫說：「你孩子都這麼危險了，你還要上班？」

在大城市的孩子，很小就被父母帶著出門旅行了。而她的孩子小學畢業才第一次參加夏令營。李萍和丈夫在院子裏等她回來，一直等到凌晨三點。孩子激動地說，媽媽，我坐上軟臥了。

其實，孩子沒什麼機會出門，完全不知道那只是有隔斷的硬臥火車。

早期這裏地處大漠深處，實在是艱苦，連敦煌本地人也不看好，不願來研究院工作，也不願與研究院的人結婚。到了九〇年代就好多了，現在的敦煌研究院已經是個人們樂於在此工作、生活的地方了，敦煌有了像樣的學校，本地的孩子們也能受到良好的教育了。

多年來，樊錦詩堅持向敦煌本地的孩子和全國各地的少年兒童弘揚敦煌文化。

二〇〇六年七月，常州局前街小學的老師聯繫到樊錦詩，課本裏有一篇有關莫高窟的課文，老師希望在上課時能夠和樊先生連線，請她給孩子們講講莫高窟。樊奶奶欣然應允。儘管當時還不能視訊連線，她仍然透過座機電話，配合老師上好了這節課。之後連續幾年，樊錦詩都透過這個方式為孩子們連線上課，宣傳敦煌文化藝術。可愛的孩子們也捐出自己的零用錢一百多元人民幣，簽名保護莫高窟。後來，敦煌研究院邀請局前街小學的孩子們到敦煌參觀，並由此促成了常州博物館的敦煌展。

樊先生講解時，都根據孩子們的特點，親自修改講稿和投影片，有特定性地去講。哪怕是同樣的內容，也從來不用統一的稿子。她總是在列印稿上用紅筆和藍筆留下密密麻麻的手寫痕跡，還打電話來院裏，有時問：「我加了一個圖片，應該怎麼弄？」有時問：「我是老古董了，我這樣講，孩子們能聽明白嗎？」後來程亮他們做了一個常見問題集錦，來應對她的修改。

為了將博大精深的敦煌石窟文化講得深入淺出，她甚至特意去瞭解一些孩子們熟悉的流行語，連「萌萌噠」之類的網路用語都用上了。

樊錦詩說，文化遺產教育要從小做起。所以敦煌研究院在敦煌本地組織了文化進校園、小小解說員、免費參觀講解等一系列少年兒童取向的活動。在全國各地，敦煌研究院與上海市平和雙語學校、常州市局前街小學建立了緊密聯繫，保持長期合作，在青少年文化遺產教育、石窟保護慈善方面取得重要成果。

二〇一六年九月十五日，上海市平和雙語學校藝術教育實踐基地在莫高窟敦煌研究院舉行揭牌儀式。樊錦詩用親切的上海話歡迎孩子們來到敦煌，她對孩子們說，基地建成了，孩子們以後在敦煌就有家了，「這裏就是你們的家」。

在敦煌莫高窟創建一千六百五十周年紀念音樂會中，上海市平和雙語學校和敦煌東街小學的孩子們，近四百人合作演出了童聲合唱〈半個月亮爬上來〉和〈我的祖國〉。中國國家交響樂團在九層樓前奏響唯美樂章，紀念一千六百五十年前那第一聲鑿擊巖壁的迴響，感恩歷史留給全人類的絕美饋贈。孩子們純真的聲音讓現場觀眾深深震撼和感動。

也是在二〇一六年，經過三天烈日酷暑徒步跋涉，上海南山書房的師生和家長們終於到達他們心目中的文化聖地莫高窟，這已經是南山書房第三次造訪莫高窟。二〇一五年七月，在「阿拉上海人」專項基金會的籌劃和組織下，南山書房的小捐贈者們認捐了莫高窟數位展示中心前種植的胡楊苗。隨後基金會積極籌措，為敦煌莫高窟的保護、研究工作募集資金。各方捐贈者中，有許多正在小學、中學就讀的學生，還有幼稚園的孩子。他們在家長的鼓勵下，主動將自己積攢許久的零用錢、壓歲錢捐出，募集了十萬零兩千元人民幣善款，全部用於敦煌石窟保護研究弘揚事業。孩子們自發行動保護文化遺產，讓身處戈壁大漠的莫高窟人深受鼓舞。

樊錦詩為孩子們做了題為「敦煌莫高窟和藏經洞展現的少年兒童學習和遊戲」的講座。這次講座，是樊錦詩在孩子們到來的前一天夜裏精心準備的。講座中，當時七十八歲的樊奶奶帶領孩子們瞭解壁畫裏的古代孩子如何學習和玩耍。她告訴孩子們，古代的兒童在學校裏犯了錯，是要受到懲戒的，「是要打屁股的！」幽默平實的語言逗得在場的孩子們笑了起來，路上的疲憊一掃而空，大家都積極地和樊奶奶互動。時任院長王旭東代表全院職工告訴孩子們：「通過這樣的一個認捐活動，我們傳統的民族文化將進入你們的內心深處，一定會變成你們人生中重要的營養。希望來自上海的你們，能以敦煌文化為紐帶，與敦煌當地的小朋友建立起交流的關係，共同吸收敦煌文化的營養，變成你們內心共同的力量。」

孩子們的帶隊老師丁雁說：「雖然我們在遙遠的上海，不能像樊錦詩先生這樣的文物保護工作者，日夜守護我們的莫高窟，但是，我們會為了民族文化瑰寶不遺餘力地堅持下去。今天我們認捐的胡楊苗，將代替我們，再陪伴莫高窟度過下一個十年、一百年、一千年！」

一年後，南山書房又發起認捐胡楊苗的活動，此次他們以認捐的形式向敦煌研究院捐款七萬六千元人民幣，並與敦煌研究院合作，發起了「南山走絲路——南山親子文化行之『三走絲路』暨七十公里戈壁徒步」活動，將終點定為莫高窟。到達後，他們參觀了藝術聖殿莫高窟，並在聆聽樊錦詩的講課後去查看去年捐種的胡楊樹，一年前稚嫩的小樹苗，如今已經深深扎根，長出了茂密的枝葉。

敦煌研究院名譽院長樊錦詩和時任副院長趙聲良為南山書房胡楊苗認捐人頒發了捐贈證書，並為在戈壁徒步活動中表現優異的小朋友頒獎。頒獎儀式在九層樓前舉行，每一位認捐胡楊苗的小朋友，都將獲得由敦煌研究院頒發的捐贈證書和書籍《燦爛佛宮》。更令人驚喜的是，此次的捐贈證書全部由趙聲良先生軟筆書寫，他在捐贈儀式中對捐贈者的善舉表達了深深的敬意，宣佈此次南山書房捐贈的所有款項，都將用於胡楊苗的種植。他還說，也許孩子們中間就有將來的敦煌學專家，像一代代莫高窟人一樣選擇堅守大漠，守護敦煌。

我們訪問敦煌時，帶我們進入敦煌研究院的，是新媒體中心主任杜鵑和「九〇後」的李喆。杜鵑來自東部的海濱小城，從西安美術學院畢業後來到水土氣候完全不一樣的敦煌。現在敦煌研究院發展壯大了，內部文件、外部媒體的發佈和交接，事情做也做不完，她每天忙得團團轉，難得能回家。

李喆就是敦煌本地的孩子，學的是攝影，來自新媒體中心。路上下雨了，李喆說辦公室有一把千佛傘。千佛，是敦煌石窟常見的圖案。李喆此時身處文物保護研究陳列中心復原的隋朝四百一十九窟，就指著南北壁的千佛告訴我，這些小佛像都是對稱的，比如其中一個小佛像，本來按對角線那列佛像的顏色推測應該是紅色，現在卻氧化變成了黑色。

我們感到奇怪：「你不是學攝影的嗎？怎麼對石窟那麼熟悉？」

他說：「研究院要求新來的年輕人都要先做一年解說員，瞭解石窟，對人生也是一種歷練。」

程亮提到：「為了文化藝術的傳承，我們一向會對歷史、考古或美術等專業的學生開放研研學路線或特窟供他們學習。但我們也注意到，現在有一些學生，進入洞窟後不能耐心聽講解員和老師的講解，或是缺乏文物保護意識，這是很令人遺憾的。針對這些情況，敦煌研究院通過與騰訊合作的『雲遊敦煌』小程式，在二〇二〇年九至十月通過動畫形式講一講文物保護。現在敦煌一直在做大專院校巡迴展覽，以後還要做『高校進課堂』活動。我們目前已經和北大智慧樹開展了網上選課的『美學課堂』。」

二〇二〇年大學高考，湖南耒陽女孩鍾芳蓉考出六百七十六分的好成績。談及未來，鍾芳蓉表示自己從小就喜歡歷史和文物，受到樊錦詩的影響，想報考北京大學專攻考古。為此，樊錦詩送給她口述自傳《我心歸處是敦煌——樊錦詩自述》一書，並寫信鼓勵她「不忘初心，堅守自己的理想，靜下心來好好唸書」。在《似是故人來》節目中，樊錦詩更是表達了對年輕人的鼓勵：「我們的事業永遠是年輕人的事，只有年輕人熱愛文物，懂得文物，去研究它，保護它，那麼這個事業就能發展，永保青春。」

孩子，你們是世界的未來，敦煌的未來在你們的手中。

後記

二〇二〇年七月，敦煌研究院工作人員李萍向我們說起了這麼一件事——

「前年十月的一個下午，三點多，我忽然接到樊院長的電話。她說，你從數展中心上莫高窟來，見見我。」

「我到莫高窟時，樊院長剛剛收拾好東西，她拿出一件琉璃飾品遞到我手裏。」

「敦煌研究院的風氣一向樸素，這麼多年，樊院長從來沒送過我什麼。我拿著琉璃飾品，驚訝極了。」

「樊院長又說：『你從很年輕時就跟著我，我交代給你的工作，從接待部的講解員開始，到現在建立、運營數展中心，你都完成得很好。我就要回上海了，整理房間時找到這個，送給你吧。還有兩包茶葉，送給你的父母。』

「我的心中一陣傷感，眼淚當時就流了下來——剛來莫高窟時，我還是個二十出頭的年輕人，當時樊院長和現在的我一樣，是個中年人。如今我都已經五十七歲，還有三年就退休了，樊院長已經一頭銀髮，成了八十七歲的老人……唉，我捨不得她離開敦煌，捨不得她老。」

「可是樊院長卻一滴眼淚都沒流，只是輕輕地說：『不哭，你的眼淚就是多。這有什麼呢？人都要老的。』」

「就像以往一樣，她是那麼堅強、執著，充滿了生命力，一輩子都想著工作。躺下是敦煌，眼睛睜開也是敦煌。」

「樊院長很少當面表揚我們。作為莫高窟文物保護新模式的推行者，我沒有辜負她的希望。所以，這次離開敦煌，她特意把我喊來，與我道別，又給了我這珍貴的表揚。」

原本每天都在一塊兒工作，可這一次告別，不知何時能再相見。沒想到，一個月後，她就再次接到工作安排，陪身處上海的樊錦詩去北京參加平山郁夫畫展。院裏出差，車票都訂二等座。但李萍考慮到樊錦詩年紀大了，特意訂了一等座，想讓她坐得舒服點。進了高鐵站，她徑直領著樊錦詩去貴賓室，沒想到貴賓室只有商務座才能坐，一等座還不行。正在窘迫之際，樊錦詩搖了搖頭說：「不要改了，省點錢，這都是要院裏出的。」

結果第二天去見平山夫人時，李萍發現樊錦詩因為坐得太久，脖子直了，頸椎病犯了，疼痛難忍。幸好她隨身帶了治療噴霧，連忙給了樊先生。

樊錦詩參加了畫展開幕式，接受採訪，因為次日她在上海大學還有講座，晚上五六點必須返回上海，當天夜裏將近十一點才到。李萍因為很疲勞，第二天還在休息，樊錦詩在上海大學的講座卻已經講完。

「我從心底深處敬佩樊院長和老一輩敦煌人的精神力量，這是年輕人都比不上的。」她由衷地讚歎道。

每年大年三十，李萍都帶孩子去看看莫高窟。「冬天裏的莫高窟沒什麼人，我總是覺得，它就像一個巨人，一年裏的每一天都勞累著，到了年三十，我們就安安靜靜地守著它，不驚擾它，讓它休息就好。那一刻，我總是有一種要流淚的衝動。現代的科技遠遠超過了古代，可是在藝術領域，古人和今人沒有高下之分。萬一敦煌石窟消失了，那麼會給中華文明帶來怎樣無可挽回的損失呀！最近有人在網路上說莫高窟的數展中心是一種旅遊套路，這是極不負責任的說法。一旦放開遊覽，新模式就完了。我們好不容易摸索出來的莫高窟的保護模式也就完了。假如像原來那樣，旅遊車開到了莫高窟前面，那麼人們是翻牆都要進來看看的。不是不給遊客看窟，但對於每一天都在衰老、有朝一日可能消失的莫高窟來說，文物保護更加重要。」

程亮說：「說到老一輩的敦煌人，他們真的不是為了找一份工作而來到敦煌，他們完全是因為對藝術的熱愛，對文化遺產的責任才來到大漠，扎根敦煌。他們不是從私利出發，而是擁有一種使命感。縱然遭受了不公，也沒有放棄追求。總是樂觀積極地面對人生，不提任何條件，回到敦煌就非常開心……就像敦煌研究院的很多同志一樣，我最喜愛的洞窟是一百五十八窟，或許是因為一進入那裏，人的內心就能夠摒除世間的紛紛擾擾，寧靜下來。」

是的，我們離開遊人如織的莫高窟，就轉入一條兩邊都是白楊樹的道路，周圍一下子變得安靜下來——是人們在大城市裏絕對感受不到的那種安靜，你甚至可以聽得見「嗚——嗚——」的聲音，這也許是風吹沙子的聲音，又或者是來自一個人內心的聲音。彷彿這個地方才是世界本來的樣子，只是被人們遺忘了很久。

走進工作的洞窟，裏面一片漆黑的，只有冷光源照明。研究院的同仁一待就是一天。正在修復二百三十一窟的楊韜師傅見我們來了，一個勁兒地為我們講解洞窟裡的起甲、酥鹼、空鼓對壁畫的危害，這幾個月都在牆上做什麼實驗，壁畫原來的顏色等等，他眼睛裏的那種執著、對壁畫的小心翼翼，都令人十分感動。三百四十一窟，年輕女孩胡慧君和同事正在架好的軌道上為洞窟拍攝影像和高科技的拼接，現在研究院已經完成了兩百多個洞窟的 3D 模型和圖像採集。現在大家足不出戶，就能在網路上看到敦煌洞窟的樣子，十個朝代的三十個洞窟，四千四百三十平方公尺的壁畫，達到 300DPI 的採集精度，那就是他們日復一日的工作成果。

程亮剛來研究院時，和研究員李永寧先生在圖書館整理寶貴的資料，比如伯希和偷運去法國、後來古文獻學家王重民全部看了一遍，並抄錄回來的一萬三千張敦煌卷子卡片。李永寧先生總是對他說，咱們做的基本功必須嚴謹，要對得起良知，不然建立在此之上的研究就會有偏差。李先生為人富有正義感，二〇〇三年九月去北京出差，當時已經七十多歲的李先生看見貼小廣告的人就追，最後程亮和他一起把小廣告都摳乾淨，他才肯回到住處。

敦煌研究院的安靜，就是這些一心一意為保護石窟而工作的人，無聲的奉獻。在敦煌研究院工作的人們很少為世俗喧囂所擾，一輩子只做一件事，把它做好。就像樊錦詩說的：「簡單相信，傻傻堅持。」

一個人要做成一件事，執著是不可缺少的特質。樊錦詩用人生一個又一個十年的執著與堅守，讓後來人看到了今天屹立於世界的莫高窟。

五十七年的艱辛與不易，書寫下的是莫高窟人堅守大漠、甘於奉獻、勇於擔當、開拓進取的敦煌精神！

嗨！有趣的故事

樊錦詩

責任編輯：苗　龍
裝幀設計：盧穎作
著　　者：顧　抒

出　　版：中華教育
　　　　　香港北角英皇道 499 號北角工業大廈一樓 B
電　　話：(852) 2137 2338
傳　　真：(852) 2713 8202
電子郵件：info@chunghwabook.com.hk
網　　址：http://www.chunghwabook.com.hk

發　　行：香港聯合書刊物流有限公司
　　　　　香港新界荃灣德士古道 220-248 號荃灣工業中心 16 樓
電　　話：(852) 2150 2100
傳　　真：(852) 2407 3062
電子郵件：info@suplogistics.com.hk

版　　次：2022 年 9 月初版

規　　格：16 開（210mm × 148mm）
I S B N：978-988-8807-26-0

本書繁體中文版由接力出版社、黨建讀物出版社共同授權出版